SOCIÉTÉ DE SAINT-MICHEL

OEUVRE DES BONS LIVRES

CATALOGUE

DE

LA BIBLIOTHÈQUE

Rue du faubourg Saint-Michel, 8

A ANGERS

ANGERS
IMPRIMERIE P. LACHÈSE, BELLEUVRE ET DOLBEAU
rue Chaussée Saint-Pierre, 13

1870

†

SOCIÉTÉ DE SAINT-MICHEL

ŒUVRE DES BONS LIVRES

CATALOGUE

DE

LA BIBLIOTHÈQUE

Rue du faubourg Saint-Michel, 8

A ANGERS

ANGERS
IMPRIMERIE P. LACHÈSE, BELLEUVRE ET DOLBEAU
rue Chaussée Saint-Pierre, 13

1870

RÈGLEMENT.

1° La Bibliothèque est ouverte tous les jours de huit heures du matin à midi et de deux heures du soir à cinq heures, depuis la fête de la Toussaint jusqu'à Pâques, — de sept heures du matin à midi et de deux heures à six heures du soir, depuis Pâques jusqu'à la Toussaint.

Nota. Les Fêtes et les Dimanches, la Bibliothèque est ouverte de huit heures à neuf heures et demie du matin et de une heure à deux heures et demie du soir.

2° Le minimum de la cotisation pour l'œuvre des bons livres est de 5 francs par an.

3° Les associations se renouvellent chaque année dans les premiers jours de janvier.

4° On peut recevoir deux volumes chaque fois et les retenir pendant quinze jours. — Aucun livre ne sera donné à moins qu'on ait rapporté ceux qu'on avait en lecture.

5° Les associés qui désireraient conserver leurs livres au delà de quinze jours sont priés d'en faire la demande. Le délai peut être refusé si les volumes en question sont attendus par d'autres.

6° On est tenu de payer un ouvrage perdu ou notablement détérioré. Si l'ouvrage a plusieurs volumes, la personne responsable doit le payer en entier et réclamer les volumes qui restent.

7° Les associés qui font demander des livres par une tierce personne sont priés de signer de leur main la liste des ouvrages qu'ils désirent, et d'ajouter quelques volumes pour le cas où ceux qu'ils demandent ne seraient pas disponibles.

8° Défense d'entrer dans la Bibliothèque sans permission. — Les livres seront remis par la bibliothécaire dans la salle de réunion.

AVIS.

On reçoit avec reconnaissance les dons en nature ou en valeur.

J. M. J.

CATALOGUE

DE

LA BIBLIOTHÈQUE

A

Abandon (L') à la providence divine, par le père de Caussade de la compagnie de Jésus, in-12.
Abbé (L') Marcel, curé d'Avon, par Raoul de Navery, in-12.
Abeille du Carmel (L'), par le R. P. Alexis-Louis de St-Joseph, carme déchaussé, 2 vol. in-12.
Abnégation, par Mme Bourdon, in-12.
A bord et à terre, par J. Fenimore Cooper, in-8.
Abrégé de tous les voyages au Pôle-Nord, depuis Nicolo Zeno jusqu'au capitaine Ross, par M. H. Lebrun, in-12.
Académie (L') chez bonne maman, par Mme de Stoltz, in-12.
Achille ou la vengeance, par J. Chantrel, in-12.
Actes (Les) des martyrs d'Orient, d'après Assémani, par M. l'abbé F. Lagrange, in-12.
Adélaïde Capece-Minutolo, par Mme A. Craven, in-12.
Adèle ou l'honnête ouvrière, in-12.
Adoption (L'), par Mme Bourdon, in-12.

Adrienne et Madeleine, controverses populaires, par le R. P. Barbieux de la compagnie de Jésus, in-12.

Æmilianus ou le soldat martyr au IV° siècle, par l'abbé Hennart, in-12.

Afrique inconnue (L'), récits et aventures des voyageurs modernes au Soudan, in-8.

Agathe ou la première communion, par Mme Bourdon, in-12.

Age du monde et de l'homme (L'), d'après la Bible, par H. de Valroger, prêtre de l'Oratoire, in-12.

Agnès ou la petite épouse du très-saint sacrement, par Maria Caddell, in-12.

Aïeul (L'). Du but et des principales carrières de la vie; esquisse morale, par Ch. Janolin, avocat, in-12.

Ayley Moore, scènes Irlandaises contemporaines, par le R. P. Baptiste, in-12.

Albertine et Suzanne, ou Naissance, beauté, fortune, ne font pas le bonheur, par Marie-Ange de T***, in-12.

Alcuin et Charlemagne, par Francis Monnier, in-32.

Alda, l'esclave bretonne, traduit de l'anglais par Mme L. de Montanlos, in-8.

Alena de Vorst, histoire brabançonne, in-32.

Alger pendant cent ans et la rédemption des captifs, par M. l'abbé Orse, in-12.

Alix, par Mlle Zénaïde Fleuriot, in-12.

Alix Le Clerc, par M. de Lambel, in-12.

Alix ou la résignation, par Mme Woillez, in-12.

Allumeur (L') de réverbères, par Miss Cummins, in-12.

Altan-Parck, ou conversation sur des sujets moraux et religieux à l'usage des jeunes personnes, 2 vol. in-8.

Ambition de Tracy (L'), traduit de l'anglais, par le vicomte de Maricourt, in-12.

Amélie ou le triomphe de la piété, par Mme L. Bernier, in-12.

Amice du Guermeur, étude morale et historique, par M. Hippolyte Violeau, in-12.

Amies (Les) de pension ou l'émulation mise à profit, par M. J.-B.-J. Champagne, in-12.

Amis (Les) **du régiment**, par H. Prevault, in-12.
Amour (De l') **de Jésus-Christ** et des moyens de l'acquérir, par le R. P. Nepveu, de la Compagnie de Jésus, in-32.
Ancêtres de Charlemagne (Les), par Thil-Lorrain, in-12.
Ancienne religion de l'Egypte, conférence par M. le vicomte de Rougé, in-12.
Andréas ou le prêtre soldat, par M. A. Devoile, in-12.
Andrée d'Effauges, par Mme Bourdon, in-12.
Anémones du roi Noman (Les), par Ernest Fouinet, in-12.
Ange (L') **de charité**, par Mlle Rose Sennet, in-12.
Ange (L') **de la Tour**, par le R. P. Préviti, in-12.
Ange (L') **du bagne**, par Raoul de Navery, in-12.
Ange (L'), **du pardon** ou Henriette de Tezan, par Mme Marie de Bray, in-12.
Ange (L') **du sanctuaire** ou réflexions et prières pour aider à bien entendre la messe, par Mlle Herbert, in-18.
Ange (Un) **sur la terre**, vie et écrits de Élisabeth Féline de Sainte-Marie, publiés par M. l'abbé P.-A. J..., in-12.
Angèle, histoire d'un chrétienne, par M. Eugène de Margerie, in-12.
Angélina, vierge romaine, par un père de la Compagnie de Jésus, in-12.
Angélina ou la solitaire de la Roche-Blanche, par M. J.-B. Berger, in-12.
Animaux à métamorphoses (Les), par V. Meunier, in-8.
Animaux d'autrefois (Les), par Victor Meunier, in-8.
Animaux industrieux (Les), ou description des ruses qu'ils mettent en œuvre pour saisir leur proie et fuir leurs ennemis, par B. Allent, in-12.
Animaux modèles (Les) **à l'école des saints**, par H. Grimouard de Saint-Laurent, in-12.
Anjou (L'), par Mme Bourdon.
Anna ou la piété filiale, par M. de Marlès, in-12.
Anne de Geierstein, la fille du brouillard, traduit par M. d'Exauvillez, in-12.

Anne-Marie, par Mme Bourdon, in-12.
Anne Séverin, par Mme Augustus Craven, in-8.
Anneau impérial (L'), par P. Bion, in-12.
Année (Une) **de la vie d'une femme**, par Mlle Zénaïde Fleuriot, in-12.
Année (L') **des merveilles**, par Henri Conscience, in-12.
Annette ou l'influence de la piété filiale, par Mme Marie de Bray, in-8.
Annuaire des œuvres de jeunesse et de patronage, pouvant servir de méthode de direction, 2 vol. in-12.
Antoine ou le retour au village, par l'abbé de Valette, in-12.
Antoine de Bonneval ou Paris au temps de saint Vincent, par le docteur Anderdon, in-12.
Antoinette de Montjoie, par Marcel Tissot, in-12.
Antoinette Lemire ou l'ouvrière de Paris, par Mme Bourdon, in-12.
Antonia ou les martyrs de Lyon, par H. de Beugnon, in-12.
A Paris et en province, par Jean Lander, in-18.
Apostolat (L') **de la souffrance**, par le P. Lyonnard, S. J., in-12.
Apôtre (L') **Saint-Jean**, par M. l'abbé L. Baunard, in-12.
Apôtres (Les) **de charité**, in-8.
Appel aux jeunes femmes chrétiennes, par Marie de Gentelles, in-12.
Arabella ou trente ans de l'histoire d'Angleterre, par Henri Guenot, in-8.
Ars ou le jeune philosophe redevenu chrétien, renfermant dix-sept exhortations du curé d'Ars, 2 vol. in-12.
Art de croire (L'), par Auguste Nicolas, 2 vol. in-12.
Art (L') **devant le christianisme**, conférences de Notre-Dame en 1867, par le R. P. Félix, in-12.
Art (L') **religieux contemporain**, par l'abbé Hurel, in-12.
Arthur et Théobald ou les devoirs de la véritable amitié, par J.-B.-J. Champagnac, in-12.
Artisans célèbres (Les), par Valentin, in-12.
Artiste (Un) **du VIIe siècle : Saint-Eloi**, par A. de la Porte, in-8.

Astres (Les), ou notions d'astronomie à l'usage de tous, par J.-M. Rambosson, in-12.

Ateliers (Les) **de Paris**, par Pierre Lelièvre dit Parisien, 2 vol. in-12.

Athéisme (L') **social et l'Église, schisme du monde nouveau**, par M. Laurentie, in-8.

Auberge (L') **de l'Ange gardien**, par Mme la comtesse de Ségur, in-12.

Auguste et Thérèse ou le retour à la foi, par Mme Tarbé des Sablons, in-12.

Auguste Marceau, capitaine de frégate, commandant du vaisseau l'*Arche-d'Alliance*, par un de ses amis, 2 vol. in-12.

Aumônier (L') d'une frégate, in-18.

Aurélia ou les Juifs de la Porte-Capène, par M. A. Quinton, 2 vol. in-12.

Aurélie ou le monde et la piété, par M. d'Exauvillez, in-12.

Aurélien, par Henri Conscience, 2 vol. in-12.

Australie (L'), in-8.

Autobiographie de la vénérable mère Anne de Saint-Barthélemi.

Aventures de Cagliostro, par M. Jules de Saint-Félix, in-12.

Aventures de mer, par M. C. B., in-12.

Aventures de Robinson Crusoë, édition illustrée, 2 vol. in-12.

Aventures (Les) **de Robin-Jouet**, par M. Emile Carrey, in-8.

Aventures (Les) **du cousin Jacques**, par Just Girard, in-12.

Aventures (Les) **d'un capitaine français**, planteur au Texas, par Just Girard, in-8.

Aventures (Les) **d'une cassette**, épisode de l'invasion de 1814, par Théophile Ménard, in-8.

Avis à la jeunesse chrétienne, sur le choix d'un état et sur la vocation, par saint Alphonse de Liguori, in-32.

Avocats et paysans, par Raoul de Navery, in-12.

B

Baguettes (Les) **du petit tambour,** traduit de l'allemand, de Gust. Nieritz, in-8.

Baron des Adrets (Le), épisode du commencement des guerres de religion du xvi° siècle, par Théophile Ménard, in-8.

Bataille au bord du chemin, par le R. P. de La Porte, in-18.

Bataille au coin du feu, pendant une mission, par le R. P. de La Porte, prêtre de la Miséricorde, in-18.

Batavia, par Henri Conscience, in-12.

Batelier du Tibre (Le), par de La Grange, in-12.

Béatitudes (Les) ou la Science du bonheur, par Mme Bourdon, in-12.

Béatrix, par Mme la comtesse de Veilles, in-12.

Begga ou l'Église chez les Mérovingiens, par le vicomte R. de Maricourt, in-12.

Belles années (Les), par Mme Bonrdon, in-12.

Benjamine et Aurore, récits, par le P. J. Franco, in-12.

Bergère de Beauvallon (La), par Stéphanie Ory, in-12.

Berthe et Théodoric ou Gozlin, évêque de Paris, par M. J.-B.-J. Champagnac, in-8.

Bible de famille, in-12.

Bible populaire illustrée (Petite), traduction revue par M. l'abbé Bourquard, docteur en théologie, in-12.

Bibliographie catholique, revue critique de tous les ouvrages nouveaux.

Bibliothèque variée, 8 vol. in-8.

Bien-être de l'ouvrier (Le), par l'abbé Tounissaux, in-18.

Bienheureux (Le) **Benoît-Joseph Labre,** in-12.

Bienheureux Casinius (Le), ou l'Apôtre de l'Allemagne au xvi° siècle, par le R. P. Alet, de la Compagnie de Jésus, in-18.

Bienheureux (Le) **Jean de Montmirail,** par M. le comte de Lambel, in-12.

Bienheureuse (La) **Françoise d'Amboise**, duchesse de Bretagne, par M. le vicomte Sioc'han de Kersabiec, in-12.

Biographie de Mozart, par Mme Bourdon, in-12.

Blanche de Castille, reine de France, par J.-E. Roy, in-12.

Blanche de Marsilly, épisode de la Révolution, par M. Albert Richard, in-8.

Blanche de Savenay, par Mlle E. Brun, in-12.

Bohémiens (Les) **au XVe siècle,** par Henri Guenot, in-8.

Bon curé (Le), par B. d'Exauvillez, in-12.

Bon paysan (Le), par M. B. d'Exauvillez, in-12.

Bon voisin (Le), par Marie Emery, in-12.

Bonaparte, le Concordat de 1801 et le cardinal Consalvi, par J. Crétineau-Joly, in-8.

Bonheur dans le devoir (Du), par H. Roux-Ferrand, in-12.

Bonheur (Le) **de la religion,** ou l'Aveugle de Brunoy, par Mme Marie de Bray, in-12.

Bonne domestique (La) ou la Vie de sainte Dzita, par l'abbé Laden, in-12.

Boule de Neige ou l'Enfant sans baptême, in-12.

Bouquet de fleurs spirituelles offert aux élèves des couvents par le P. J.-M. B., in-12.

Bouquet de nouvelles, par Mlle V. Nottret, in-12.

Bourgeois (Les) **de Darlingen,** par Henri Conscience, in-12.

Branche de Rumex (La), par Mme M. A., auteur des *Soirées du père Laurent*, in-12.

Brave Crillon (Le), par J.-J.-E. Roy, in-8.

Brutus le Maudit (1792-1848), par J. Chantrel, in-12.

Buffon des enfants (Le petit), in-18.

Bulgarie orientale (La), par le docteur C. Allard, in-12.

Bussières (Mme de) ou Vie chrétienne et charitable au milieu du monde, par Henri Congnet, in-8.

C

Cabane (La) **du Pêcheur**, in-12.
Cabaret (Le) **de Gaubert**, par Mme Charles Reybaud, in-12.
Caciques de Tlascala (Les), suivi d'autres nouvelles, par le P. Servais Dirks, de l'ordre des Frères-Mineurs, in-12.
Çà et là, par Louis Veuillot, 2 vol. in-12.
Callista ou Tableau historique du IIIe siècle, par le P. Newman, in-12.
Calvaire et Thabor, par M. l'abbé Nicolas, in-12.
Camille, par Mme L. de Montanclos, in-8.
Camisards (Les), par Al. de Lamothe, 3 vol. in-12.
Campagnes et aventures d'un volontaire royaliste en Espagne, in-12.
Capitaine aux mains rouges (Le), nouvelle, par Raoul de Navery, in-12.
Capitaine Lopez (Le), épisode d'un voyage en Orient, in-12.
Capitaine Pruvost (Le), in-12.
Capitaine Rougemont (Le) ou la Conversion miraculeuse, par Th. Ménard, in-8.
Captifs (Les) **de la Deïra d'Abd-el-Kader**, par M. de Bougrain, in-12.
Captivité (La) **de Louis XVI** ou Journal de Cléri, in-12.
Cardinal Maury (Le), sa vie, ses œuvres, par M. Poujoulat, in-12.
Caroline, notice sur la vie et la mort d'une jeune chrétienne, écrite par sa mère, in-12.
Catéchisme de Guillois, 4 vol. in-12.
Catéchisme dogmatique, moral et historique de la doctrine catholique, par Antonio Rosmini Servati, in-12.
Catéchisme ou Introduction au symbole de la foi, par le R. P. Louis de Grenade, 6 vol. in-12.

Catherine Geary ou les Irlandais à Londres, par miss Mason, in-12.

Causeries d'un curieux, variétés d'histoire et d'art, par F. Feuillet de Conches, 4 vol. in-8.

Causeries en famille ou Conseils d'une mère, par Louise Lambert, in-8.

Causeries et Mélanges, par Mlle Julie Gouraud, in-12.

Causeries et Nouvelles, par Mlle Zénaïde Fleuriot, in-12.

Cécile ou la Petite sœur, par Mlle Julie Gouraud, in-12.

Cendrillon du village (La), suivie de la *Malédiction*, par Raoul de Navery, in-12.

Cesonia, par Lehmann, traduit de l'allemand, in-12.

Chaîne invisible (Une), par Mlle Zénaïde Fleuriot, in-12.

Chambre (La) **de la grand'-mère** ou le Bonheur dans la famille, par Mlle Monniot, in-12.

Chambre (La) **des Ombres**, par Marin de Livonnière, in-12.

Chambre (La) **rouge**, par la comtesse de Bassanville, in-12.

Champ de blé, par Mazure, in-18.

Champion (Le) **de la Sorcière**, par J. Collin de Plancy, in-12.

Chanson (La) **de Roland**, traduite du vieux français, par Adolphe d'Avril, in-12.

Chapelain (Le) **de la Rovella**, par Jiulio Carcano, in-12.

Chapelle-Bertrand (La), étude de mœurs, par le comte de Locmaria, in-12.

Chapelle (La) **d'Ensiedlen**, par Mme Bourdon, in-12.

Charité (La), légendes, par Mme Bourdon, in-12.

Charité chrétienne (La) dans les premiers siècles de l'Église, par le comte Fr. de Champagny, in-12.

Charlemagne, par J.-E. Roy, in-12.

Charlemagne et son siècle, par J.-J.-E. Roy, in-12.

Charles Ier et Olivier Cromwell, par M. Todière, in-12.

Chasseur (Le) **de panthères**, par Ernest Capendu, in-12.

Château (Le) **de Bois-le-Brun** ou une Famille mixte, par S. Bigot, in-8.

Château de l'aïeule, par Van Looy, in-12.

Château (Le) **de Maiche**, par A. Devoille, in-12.
Châtelaines de Roussillon (Les) ou le Quercy au XVI° siècle, par Mme la comtesse de la Rochère, in-12.
Chaumière (La) **de Haut-Castel**, par Mlle Eulalie Benoit, in-8.
Chemin (Le) **de la fortune**, par Henri Conscience, in-12.
Chemin (Le) **du Paradis**, par M. Raoul de Navery, in-12.
Chemin (Le) **et le But**, par Mlle Zénaïde Fleuriot, in-12.
Chercheur (Le) **de pistes**, par Gustave Aimard, in-12.
Cheval blanc (Le), par F. Nettement, in-12.
Chimie (La) enseignée par la biographie de ses fondateurs, par Ferdinand Hoeffer, in-12.
Choix d'un mari (Le), par M. Raoul de Navery, in-12.
Choix d'une femme (Le), par M. Raoul de Navery, in-12.
Choses (Les) **de l'autre monde**, Journal d'un Philosophe, recueilli et publié par M. l'abbé Bautain, in-12.
Chrétien (Le) **de nos jours**. Lettres spirituelles, par l'abbé Bautain, 2 vol. in-12.
Chrétien (Le) éclairé sur la nature et l'usage des indulgences, par le P. Maurel, in-12.
Chrétiens (Les) **aux bêtes**, par Maurice Le Prévost, in-12.
Chrétiens sous Néron (Les), par Mlle Marie-Antonine Lecler, in-8.
Chrétiennes (Les) **de la Cour**, par Mme la comtesse Drohojowska, in-12.
Chrisna, par X.-B. Saintine, in-12.
Christianisme dans la Bretagne (Le), in-12.
Christianisme (Le) **en Chine, en Tartarie et au Thibet**, par M. Huc, 4 vol. in-8.
Christianisme (Le) **et la misère**, discours prononcé par le R. P. Charles Perraud, in-8.
Christianisme (Le) présenté aux hommes du monde, par Fénélon, 6 vol. in-18.
Christophe Colomb, histoire de sa vie et de ses voyages, par Roselly de Lorgues, 2 vol. in-12.
Chronique (La) **de Godefroy de Bouillon et du royaume de Jérusalem**, par J. Collin de Plancy, in-12.

Chroniques du Mont-Saint-Bernard, par M. Le Gallais, in-8.

Chroniques (Les) du patronage, in-12.

Chroniques et Légendes mérovingiennes, par le vicomte de Lastic-Saint-Jal, in-8.

Cieux (Les), Réponses aux astronomes sceptiques, par Alexandre Guillemin, in-8.

Cinéas, par J.-M. Villefranche, in-12.

Cinq ans de captivité à Cabrera, par l'abbé Turquet, in-12.

Cinq semaines en ballon, par Jules Verne, in-12.

Cinquante histoires, par M. Eugène de Margerie, in-12.

Civilisation (La) au Ve siècle, par A.-F. Ozanam. 2 vol. in-8.

Civilisation chrétienne (La) chez les Francs, par A.-F. Ozanam, in-8.

Claire de Rives, par Mme Vattier, in-8.

Clef d'or (La), par Mlle Zénaïde Fleuriot, in-12.

Clémence de Lisville, par Mme L. de Montanclos, in-8.

Clémencia, par Fernand Caballero, traduit par MM. Appino et Marchand, in-12.

Clergé de France (Le), par Edouard Hocquard, in-12.

Cloche des perdus (La), par Mme du Bos d'Elbecq, in-8.

Clocher (Le), journal hebdomadaire, Jean Loyseau, rédacteur en chef.

Cloître (Le) dans le monde, par M. l'abbé Rouquette, in-12.

Clovis et son époque, in-12.

Code du cérémonial. Guide des gens du monde, par Mme la comtesse de Bassanville, in-12.

Cœur (Un) de mère, par Mlle Zénaïde Fleuriot, in-12.

Cœurs dévoués (Les), par Alfred des Essarts, in-12.

Cœurs d'or (Les), par Eugène Nyon, in-8.

Cœurs d'or (Les), nouvelles, par Mme A. Gransard, in-12.

Coin du feu du pasteur (Le), par Mme la comtesse de Veilles, in-12.

Colons (Les) de Favianes, par H. Guenot, in-12.

Comédies, drames et proverbes, par Raoul de Navery, musique de M. Henry Cohen, in-12.

Comédies et proverbes, par Mme la comtesse de Ségur, in-12.

Comte de Tyrone (Le) ou l'Irlande et le protestantisme au XVIe siècle, par C. Guenot, in-8.

Comtesse de Bonneval (La), histoire du temps de Louis XIV, par lady Georgina Fullerton, in-8.

Comtesse de Gloswood (La) ou le Catholicisme en Angleterre sous Charles II, par Mlle Antonine Leclerc, in-8.

Conférences théologiques et spirituelles sur les grandeurs de Dieu, par le P. L.-F. d'Argentan, capucin, 2 vol. in-8.

Conférences théologiques et spirituelles sur les grandeurs de la sainte Vierge, par le P. L.-F. d'Argentan, capucin, 2 vol. in-8.

Confession (La) **de la Reine**, par Raoul de Navery, in-12.

Confessions (Les) **de saint Augustin**, traduction nouvelle, par M. de Saint-Victor, in-12.

Connaissance de Dieu, par le R. P. Gratry, 2 vol. in-12.

Connaissance de l'âme, par le R. P. Gratry, 2 vol. in-12.

Connaissance de l'amour de Jésus-Christ (Abrégé de la), par Saint-Jure, in-12.

Conquérants célèbres (Les), par M. de Chavannes, in-12.

Conquête de Grenade, d'après Washington Irving, par A. Lemercier, in-12.

Conquêtes en Asie par les Mongols et les Tartares, sous les ordres de Gengis-Kan et de Tamerlan, par M. de Chavannes, in-8.

Conscrit (Le), par Henri Conscience, in-12.

Conseils aux demoiselles, par Mme de Maintenon; Introduction et notes, par M. Th. Lavallée, 2 vol. in-12.

Conseils aux enfants du peuple sur le bien et le mal, par Mme la comtesse de Bassanville, in-18.

Conseils de piété, tirés des Lettres de Bossuet, in-18.

Considérations sur les maximes éternelles, par saint Liguori, traduites par l'abbé Marquet, in-12.

Consolation du chrétien (La) ou Motifs de confiance en Dieu, par Roissard, in-12.

Contes (Les) de Charles Dickens, traduits de l'anglais, par Amédée Pichot, 3 vol. in-12.

Contes de Noël (Les), traduits de l'anglais de Charles Dickens, par Adolphe Joanne, in-18.

Contes du Bocage, par M. Edouard Ourliac, in-12.

Contes d'un promeneur, par M. Eugène de Margerie, in-12.

Contes et Nouvelles, par M. A. de Pontmartin, in-12.

Conteurs russes (Les), histoires et nouvelles, par M. P. Douhaire, in-12.

Contrebandiers (Les) **du Val des Trois-Hêtres**, traduit de l'allemand de Franz Hoffmann, in-8.

Controverses à l'usage du peuple, par le P. Perrone, de la Compagnie de Jésus, in-12.

Conversations et récits, par M. Alphonse de Milly. Ouvrage accompagné d'un bref de Sa Sainteté Pie IX, in-12.

Conversations littéraires, préceptes et modèles du style épistolaire, par Mlle Marie de Saint-Juan, in-12.

Conversion d'une dame russe à la foi catholique, racontée par elle-même et publiée par le P. Gagarin, de la Compagnie de Jésus, in-12.

Coq du clocher (Le), par L. Raybaud, in-12.

Coralie Delmont ou l'Orgueil vaincu par la Charité, par Mlle Monniot, in-12.

Corbeaux (Les) **du Gévaudan**, par M. A. de Pontmartin, in-12.

Corbin et d'Aubecourt, par M. L. Veuillot, in-18.

Correspondance de Fénélon, archevêque de Cambrai, 11 vol. in-8.

Correspondance du R. P. Lacordaire et de Mme Swetchine, publiée par le comte de Falloux, in-8.

Correspondance d'une élève du Sacré-Cœur, par Mme Zoé Delbet, in-12.

Correspondance générale de Mme de Maintenon, publiée par M. Th. Lavallée, 4 vol. in-12.

Cour (La) **du roi Dagobert**, par J. Collin de Plancy, in-12.

Coureur (Le) des bois ou les Chercheurs d'or, par Gabriel Ferry, 2 vol. in-12.

Coureur de grèves (Le), par Henri Conscience, in-12.

Couronne (La) de roses blanches, suivie d'autres nouvelles, par Mme de Stolz, in-12.

Créateur (Le) et la créature ou les Merveilles de l'amour divin, par le R. P. Faber, in-12.

Croisades (Les), in-12.

Culte et pèlerinage de la très-sainte Vierge en Alsace, par M. le vicomte Th. de Bussière, in-8.

Curé (Le) d'Ars, par Maxime de Montrond, in-12.

Curé (Le) d'Ars. Vie de M. Jean-Baptiste-Marie Vianney, par l'abbé Alfred Monnin, 2 vol. in-12.

Curé (Le) de Notre-Dame-des-Victoires, par Maxime de Montrond, in-12.

D

Dame de Valfleury (La), par M{{ll}}e Louise Diard, in-12.
Danger de plaire (Le), par Antonin Rondelet, in-12.
Dante et la philosophie catholique au XIII{{e}} siècle, par A.-F. Ozanam, in-8.
Danube allemand (Le) et l'Allemagne du sud, voyages, par Hippolyte Durand, in-8.
De Babylone à Jérusalem, par M{{me}} la comtesse Ida de Hahn-Hahn, in-12.
Découvertes les plus utiles et les plus célèbres, par M. de Montrond, in-12.
Défense de l'Église contre les erreurs historiques de MM. Guizot, Aug. et Am. Thierry, Michelet, Ampère, Quinet, Fauriel, Aimé-Martin, etc., par l'abbé J.-M.-S. Gorini, 4 vol. in-12.
Défense du christianisme, conférences par M. D. Frayssinous, 2 vol. in-8.
Délais (Sur les) **de la justice divine** dans la punition des coupables. Ouvrage de Plutarque, traduit et annoté par le comte de Maistre, in-8.
Délassement avec mes jeunes lectrices, par M{{lle}} Monniot, in-12.
Délassements permis (Des) aux personnes pieuses appelées à vivre dans le monde, par le P. Huguet, in-18.
De la terre à la lune, par Jules Verne, in-12.
Délices de la piété (Les), traités sur le culte de la très-sainte Vierge, par le R. P. Ventura de Raulica, in-12.
Délices (Les) **de la religion,** in-12.
Démagogie (La) **en 1793 à Paris** ou histoire jour par jour de l'année 1793, par C.-A. Dauban, in-8.
Démon (Le) **de l'argent,** par Henri Conscience, in-12.
Démon (Le) **du jeu,** par Henri Conscience, in-12.
Denise, par M{{me}} Bourdon, in-12.

Dernier (Le) des Mohicans, par Fenimore Cooper, in-12.
Dernier (Le) des Rabasteins, par Al. Mazas, in-12.
Dernier (Le) des Stuarts, par J.-J.-E. Roy, in-8.
Dernière consolation, traduit de F. Caballero, par A. Marchais, in-12.
Dernières années du règne et de la vie de Louis XVI, par François Hue, in-8.
Derniers Césars (Les) de Byzance, par M. Todière, in-8.
Derniers (Les) jours de Pompéi, imité de Bulwer, par A. Lemercier, in-12.
Deux beaux-frères (Les) ou faute et dévouement, par Mme Marie de Bray, in-8.
Deux bijoux, par Mlle Zénaïde Fleuriot, in-12.
Deux Créoles (Les) ou l'entraînement de l'exemple, par Mme J. Sanders, in-12.
Deux croisades au moyen-âge, par MM. Alfred des Essarts et l'abbé Orse, in-12.
Deux étendards (Les), tableaux dramatiques, par le P. Marin de Boylesve, in-12.
Deux familles (Les) ou bonne et mauvaise éducation, par Mme la comtesse de Bassanville, in-8.
Deux frères, par M. Marin de Livonnière, in-12.
Deux mystères, par S. E. le cardinal Wiseman, in-12.
Deux nigauds (Les), par Mme la comtesse de Ségur, in-12.
Deux orphelins, par Mme de Sainte-Marie, in-12.
Deux orphelins (Les) ou mauvaise tête et bon cœur, par Mme Marie de Bray, in-12.
Deux paganismes (Les), par Eugène Loudun, in-12.
Deux pirates du XVIe **siècle**, par Ch. Farine, in-8.
Deux (Les) pragmatique ssanctions attribuées à saint Louis, par M. Ch. Gérin, magistrat, in-12.
Deux sœurs, esquisses contemporaines, par la comtesse Ida Hahn-Hahn, 2 vol. in-12.
Deux veuves (Les), par Alfred des Essarts, in-12.
Deux (Les) vocations, par S. Bigot, in-12.
Dévotion à saint Joseph, par le R. P. Patrignani, de la Compagnie de Jésus, in-18.

Dévouement (Le) catholique, pendant le choléra de 1832 et 1849, par Guérin, in-12.

Dévouement (Le) filial, épisode du iv° siècle, par M. R..., in-12.

Dévouement (Le) fraternel, épisode du siége de Saragosse, par Mme Woillez, in-12.

Diable (Le). Existe-t-il? Que fait-il? par le P. Delaporte, in-18.

Dieb le voleur, suivi de Pauline et Marie, par J. Chantrel, in-12.

Diloy le Chemineau, par Mme la comtesse de Ségur, in-12.

Dimanche (Le), par M. F.-J. Le Courtier, in-18.

Dimanche (Le) aux classes élevées de la société ou Manuel de l'œuvre du dimanche, par M. l'abbé Mullois, in-18.

Dimanche (Le) des soldats, par Anatole de Ségur, in-18.

Directeur de l'enfance ou méthode pour confesser et instruire les enfants, depuis l'âge de la raison jusqu'à la communion, par l'abbé Ody, approuvé par les évêques de Rennes, Vannes, Quimper, in-12.

Discours de saint Bernard à sa sœur la religieuse, in-32.

Discours et allocutions de Mgr. Mermillod, prononcés à Tours, pendant la neuvaine de saint Martin, in-8.

Discours prononcés par le R. P. Félix au Congrès de Malines, session de 1864, in-8.

Divinité (La) de l'Église, par Mgr de Salinis, 4 vol. in-8.

Divorce (Le), par Mme Bourdon, in-12.

Docteur Faust (Le) et autres légendes par J. Collin de Plancy, in-12.

Docteur Guillotin (Le), épisode du régime de la Terreur, par Alphonse Cordier, in-12.

Dom Léo ou le pouvoir de l'amitié, par E.-S. Driende, in-12.

Dombey et fils, par Charles Dickens, traduit de l'anglais, par Mme Bressant, 3 vol. in-12.

Dorsigny (Les), ou deux éducations, par Bigot, in-8.

Douze convives (Les) du chanoine de Tours, par J. Collin de Plancy, in-12.

Drames flamands (Les), par Henri Conscience, in-12.
Droit d'aînesse (Le), par Mme Bourdon, in-12.
Droits de l'enfance (Les), discours prononcé par le R. P. Charles Perraud, in-8.
Droit naturel (Cours élémentaire de), par le P. Taparelli d'Azeglio, de la Compagnie de Jésus, in-12.
Duchesse Anne (La), histoire d'une frégate, par Olivier Le Gall, in-12.
Dynastie (La) **des Fouchard**, par Marin de Livonnière, in-12.

E

Eau bénite (L') au xixe siècle, par Mgr Gaume, in-12.

Echelles du Levant (Les), par le docteur C. Allard, in-12.

Échos et souvenirs de la Flandre, nouvelle, par Mme de Gaulle, in-12.

Economie (L') **sociale**, devant le christianisme, par le R. P. Félix (conférences de Notre-Dame, 1866), in-12.

Economie (L') **sociale**, au point de vue chrétien, par M. l'abbé Corbière, 2 vol. in-8.

Edith Mortimer ou épreuves de la vie, par M. Parson, traduit de l'anglais, par J. Chantrel, in-12.

Edma et Marguerite ou les ruines de Châtillon d'Azerques, par Mme Woillez, in-12.

Edmond, scènes de la vie populaire à Rome, par le P. A. Bresciani, 1 vol. in-12.

Edmour et Arthur, par E.-S. Driende, in-12.

Education (De l'), par Mgr Dupanloup, 3 vol. in-12.

Education d'Yvonne, par Mlle Gouraud, in-12.

Eglise (L') **et l'Empire romain** au ive siècle, par M. Albert de Broglie, 6 vol. in-12.

Eglise (L') et les systèmes de philosophie modernes, par le R. P. Chastel, S. J., in-12.

Eglise (L'), la réforme, la philosophie et le socialisme, par E. Mahon de Monaghan, in-12.

Eglise (L') **romaine** en face de la Révolution, par J. Cretineau-Joly, 2 vol. in-12.

Eléonore d'Autriche, reine de Pologne, par la comtesse de Charpin-Feugerolles, in-12.

Elisa Schumler ou la Juive convertie, par Stéphanie Ory, in-8.

Elisabeth Seton et les commencements de l'Église catholique aux États-Unis, par Mme de Barberey, in-8.

Elzine et Déliska ou la danse, in-18.

Embarras (Les) d'une petite fille curieuse, pièce, in-12.
Emile Arthenal, par C. Guenoul, in-8.
Empire (L') Chinois, par le P. Huc, 2 vol. in-12.
Empire (L') Mexicain, histoire des Toltèques, des Chichimèques, des Astèques et de la conquête espagnole, par le vicomte M. Th. de Bussierre, in-8.
Enfant (L') du guide, par Mlle Julie Gouraud, in-12.
Enfants braves (Les), par M. Charles Jobey, in-8.
Enfants de Mérovée (Les), récits du ve au viie siècle, par Eugène Nyon, in-8.
Enfants (Les) de la mer, par G. de la Landelle, in-12.
Entretiens (Les) de Ste-Hélène, par l'abbé Rivoire, in-8.
Entretiens et conseils avant et après le catéchisme, par M. l'abbé Dumax, in-12.
Entretiens familiers d'une mère avec ses enfants, touchant les saintes Ecritures, par Mlle A. Herbert, in-12.
Entretiens philosophiques sur la réunion des communions chrétiennes, par Starck, in-8.
Entretiens populaires sur l'histoire de France, par Blanchet.
Entretiens sur la démonstration catholique de la révélation chrétienne, par Mgr Dechamp, archevêque de Malines, in-12.
Epagathus ou les martyrs de Lyon, par Édouard de Villeneuve, in-12.
Epernon (Mlle d'), par Mme Bourdon, in-12.
Epopées (Les) de l'histoire de France, par l'abbé C. Guenot, 32 vol. in-8 (parus).
Epreuves (Les) de la piété filiale, par E.-S. Drieude, in-12.
Ermite (L') de Beausoleil, par M. Balech-Lagarde, in-12.
Ermite (L') du mont des Oliviers, par Henri Guenot, in-12.
Ermite (L') et le roi, par Just Girard, in-12.
Ernest et Fortunat, ou les jeunes voyageurs en Italie, par C.-H. de Mirval, in-12.
Ernestine ou le charme de la vertu, par Mme Césarie Farrenc, in-12.

Erreurs et mensonges historiques, par Ch. Barthélemy, 2 vol. in-12.

Esprit (L') de Pie IX ou les plus beaux traits de la vie de ce grand pape, par le R. P. Huguet, in-12.

Esprit (L') des oiseaux, par S. Henry Berthoud, in-8.

Esprits (Des) et de leurs manifestations diverses, par J.-E. de Mirville, in-8.

Esquisse de Rome chrétienne, par Mgr Ph. Gerbet, 2 vol. in-12.

Essai sur l'influence de la religion en France, pendant le xvii° siècle, 2 vol. in-8.

Etude de la doctrine catholique dans le concile de Trente, par le R. P. Nampon, 2 vol. in-12.

Etude des fleurs, descriptive et usuelle, par l'abbé Cariot, 3 vol. in-12, ornés de 150 figures.

Etudes historiques pour la défense de l'Eglise, par Léon Gautier, 1 vol.

Etudes pratiques de style vocal, par Stéphen de la Madelaine, 2 vol. in-12.

Eucharistie (L') méditée, méditations pour se préparer à la sainte communion, in-18.

Eudoxia, tableau du v° siècle, par Mme la comtesse Ida Hahn-Hahn, in-12.

Eugénie de Revel, souvenirs de la fin du xviii° siècle, par de Ravensberg, in-12.

Euphrasie, histoire d'une pauvre femme, par Mme Bourdon, in-12.

Eusèbe ou les chrétiens au désert, traduit de l'anglais, in-12.

Eustache ou épisode des premiers temps du christianisme, traduit de Schmid, in-18.

Eustelle et Annetta ou lettres de deux amies, par Hubert Lebon, in-12.

Eve, par Zénaïde Fleuriot, in-12.

Excursion d'un touriste au Mexique, pendant l'année 1854, publiée par Just Girard, in-8.

Existence (De l') et de l'Institut des Jésuites, par le R. P. de Ravignan, in-12.

F

Fabiola ou l'Église des Catacombes, par le cardinal Wiseman, in-12.

Fables de Krilof, traduites en vers français, par Ch. Parfait.

Facteur de la poste (Le), par S. A. R. la princesse Alexandra de Bavière, in-12.

Faits mémorables de l'histoire de France, par Michelant, in-8 illustré.

Famille au XVI° siècle (Une), document original, publié par M. Ch. de Ribbe, in-12.

Famille Benoiton (La), comédie, par Victorien Sardou, in-12.

Famille bretonne (Une), par Mlle Zénaïde Fleuriot, in-12.

Famille d'Aubigné (La) et l'enfance de Mme de Maintenon, par Théophile Lavallée, in-8.

Famille de Celnar (La), par Mlle Nottret, maîtresse de pension, in-12.

Famille de Kendal, par Mme de Sainte-Marie, in-12.

Famille Dumonteil (La) ou explication des sept sacrements, par Mme Marie de Bray, in-12.

Famille Luzy (La) ou désintéressement et cupidité, par A. Gordon, in-12.

Faucheurs de la mort (Les), par Al. de Lamothe, 2 vol. in-12.

Faute d'orthographe (Une), par Mme Bourdon, in-12.

Fée des Sables (La), par M. A.-B. de Lamothe, in-18.

Félynis ou les Chrétiens sous Domitien, par Henri Guenot, in-12.

Femme chrétienne (La), depuis sa naissance jusqu'à sa mort, in-12.

Femme chrétienne et française (La), par Mgr l'évêque d'Orléans, in-8.

Femme dans le célibat (La), par M. Alphonse de Milly, in-12.
Femme dans le mariage (La), par M. Alphonse de Milly, in-12.
Femme (La), d'après saint Jérôme, par Raoul de Navery, in-12.
Femme du monde (La), selon l'Evangile, in-18.
Femmes illustres de la France (Les), par Mme Drohojowska, in-8.
Femmes pieuses de la France (Les), par Mme la comtesse Drohojowska, in-8 illustré.
Ferme aux Ifs (La), par Mme Bourdon, in-12.
Ferme (La) et le presbytère, in-12.
Fernand et Antony, épisode tiré de l'histoire d'Alger, par A. Dumesnil, in-12.
Fêtes de Noël à Rome, in-12.
Fêtes de nos Pères (Les), par Alfred des Essarts, in-12.
Fiancés (Les), histoire milanaise, xviie siècle, par Manzoni, in-12.
Fille au coupeur de paille (La), par Raoul de Navery, in-12.
Fille du maçon (La), par Mlle Élise Moreau, in-12.
Fille du pêcheur (La), par Mme Valentine Vattier, in-8.
Fille du proscrit (La), par S. Bigot, in-12.
Filles de Jephté (Les), par Amédée Achard, in-12.
Filleul de l'évêque (Le), par M. Raoul de Navery, in-12.
Fils du gouverneur (Le) ou le siége de Villeneuve-d'Agen, sous Henri III, par Eugène Nyon, in-8.
Fioretti ou petites fleurs de saint François d'Assise, in-18.
Fléau du village (Le), par Henri Conscience, in-12.
Fleurs de Bretagne, par Mlle Gabrielle, 2 vol. in-12.
Fleurs de mai ou Marie glorifiée par les actes des saints, par Mme la comtesse Drohojowska, in-18.
Fleurs de Sainte-Enfance, par H. Grimouard de Saint-Laurent, 2 vol. in-12.
Fleurs des champs, nouvelles, exemples et légendes, par Fernand Caballero, in-12.
Fleurs mystérieuses (Les), par Méry, in-12.

Fleuves de la France (Les), histoire et souvenirs de leurs rives racontés par eux-mêmes, par Mme de Montanclos, in-8.

Florence Raymond, par Mlle Julie Gouraud, in-12.

Florence Villiers ou le monde et le cloître, par Agnès Stewart, in-8.

Florestine ou Religion dans l'infortune, in-18.

Florine ou une page de l'histoire de la première croisade, par Mac Cabe, 1 fort vol. in-12.

Foix (Mlle de) **et sa correspondance**, par M. l'abbé de Pontchevron, in-12.

Fondateur du christianisme (Le), par Bossuet. Extrait du Discours sur l'histoire universelle, in-18.

Fortune de Gaspard (La), par Mme la comtesse de Ségur, in-12.

Fortune et la richesse (La), par J. Lander, in-12.

Foyer breton (Le), contes et récits populaires, par Emile Souvestre, 2 vol. in-12.

Foyer (Le), récits, par Mme Bourdon, in-12.

Français à Rome (Les), 1849-1850, par Maxime de Montrond, in-18.

Français en Algérie (Les), par L. Veuillot, in-8.

Français en Amérique (Les). Le Canada, par A. Frout de Fontpertuis, in-12.

Français en Egypte (Les), par J.-J.-E. Roy, in-8.

Français en Espagne (Les), souvenirs des guerres de la Pénisule, par J.-J.-E. Roy, in-8.

Français en Russie (Les), souvenirs de la campagne de 1812 et de deux ans de captivité en Russie, par J.-J.-E. Roy, in-8.

France au XIIe siècle (La), sous les règnes de Louis le Gros et Louis le Jeune, par J.-J.-E. Roy, in-12.

France chrétienne (La), par Maxime de Montrond, in-12.

France et le Pape (La) ou dévouement de la France au siége apostolique, in-8.

France héroïque (La), par M. Bathild Bouniol, 4 vol. in-12.

Franc-maçonnerie (La), son caractère, les masques bibliques, ou la loge et le temple, par Mgr Deschamps, in-18.

François le bossu, par Mme la comtesse de Ségur, in-12.

Fratricide (Le) ou Gilles de Bretagne, par le vicomte Walsh, 2 vol. in-12.

Frère Arsène et la Terreur, par M. Eugène de Margeric, in-12.

Frères d'armes (Les), chronique militaire du moyen âge, par Robert de Chalus, in-12.

Frère et la sœur (Le) ou les leçons de l'adversité, par Mme Woillez, in-12.

G

Garo et son curé ou prônes interrompus par un impie et défendus par un troupier, par V. Bertrand, in-12.

Général Dourakine (Le), par Mme la comtesse de Ségur, in-12.

Général Drouot (Le), in-18.

Geneviève ou l'enfant de la Providence, in-18.

Geneviève de Balzo, par Michel, in-12.

Gentilhomme pauvre (Le), par Henri Conscience, in-12.

Géraldine ou histoire d'une conscience, in-12.

Gerbe (La), par M. Alfred des Essarts, in-12.

Gerbert ou Sylvestre II et le siècle de fer, par l'abbé Quéant, in-12.

Gilbert et Mathilde, épisode de l'histoire des croisades, par Mlle Brun, in-12.

Gilbert ou le poète malheureux, in-12.

Ginévra ou le manoir de Grantley, traduit de l'anglais par Mme L. Rousseau, in-12.

Gloire de saint Joseph représentée dans ses principales grandeurs, par le R. P. Jacquinot, in-18.

Gloires et vertus de saint Joseph, par le P. Huguet, in-18.

Glorieuse (La), par Mlle Zénaïde Fleuriot, in-12.

Grand chef des Aucas (Le), par Gustave Aimard, 2 vol. in-12.

Grandeurs et humiliations de Jésus-Christ dans la sainte Eucharistie, par Mgr Godeau, évêque de Vence, in-18.

Grand moyen de la prière (Du), pour obtenir le salut et toutes les grâces, par S. Alphonse de Liguori, in-32.

Grands phénomènes de la nature, par Honoré Benoist, in-12.

Grenadier de la République (Le), épisode de la Révolution, par C. Guénot, in-8.
Grognards (Les), par Emile Marco de Saint-Hilaire, in-12.
Guérin (Eugénie de), journal de sa vie, in-12.
Guérin (Eugénie de), ses lettres, in-12.
Guérin (Maurice de), journal, lettres et poèmes, in-12.
Guerre aux défauts (La), par l'abbé Dumax, in-12.
Guerre d'Amérique (La), récits d'un soldat du Sud, par M. Marius Fontane, 2 vol. in-12.
Guerre des paysans (La), par Henri Conscience, in-12.
Guerre noire (La), souvenirs de Saint-Domingue, par J. Berlioz d'Auriac, in-12.
Guerres maritimes de la France, par V. Brun (de Toulon), commissaire général de la marine, 2 vol. in-8.
Guide des âmes timorées (Le) ou motifs de confiance en Dieu, par le R. P. Quadrupani, in-32.
Guide des pécheurs (Le), par le R. P. Louis de Grenade, in-8.
Guillaume de Champeaux et les écoles de Paris au XIIe siècle, par M. l'abbé Michaud, in-12.
Guillaume le Conquérant, par M. Todière, in-8.
Gustave ou le jeune voyageur en Espagne, par M. de Marlès, in-12.
Guy Livingstone ou **A outrance**, par George-Alfred Lawrence, traduit par Ch. Bernard-Derosne, in-8.

H

Habitations merveilleuses (Les), par L. Rousseau, in-12.
Hanani l'Essénien, scènes des temps apostoliques, par C. Guénot, in-12.
Héléna ou la jeune conseillère, par S. Bigot, in-12.
Hélène de Séran, in-12.
Hélène ou la jeune institutrice, in-12.
Hélène ou le pouvoir du catholicisme, traduit de l'allemand, par Henri Vrignault, in-12.
Hélène, suivie de Bénédict et du bouquet de primevères, par M. Hervé du Pontrais, in-12.
Henri IV jugé par ses actes, par ses paroles et par ses écrits. Avec fac-simile, in-12.
Henri Perreyve, par A. Gratry, in-12.
Héritage de Françoise (L'), par Mme Bourdon, in-12.
Héritier du Mandarin (L'), suivi de M'ssieu Quantois, par M. Henri Vrignault, in-12.
Herman le Prémontré ou les Juifs et l'église au moyen âge, par le docteur Weber, in-12.
Héroïne chrétienne (Une), vie de Anne-Félicité des Nétumières, par l'abbé Carron, in-12.
Héroïne de soixante ans (Une), par Mme la comtesse de la Rochère, in-18.
Heures de solitude, par Mme Bourdon, in-12.
Heures du soir (Les), par Henri Conscience, in-12.
Histoire abrégée des Croisades, par F. Valentin, in-12.
Histoire ancienne (Abrégé de l'), de Rollin, par M. l'abbé Tailhié, 5 vol. in-12.
Histoire ancienne et grecque, par J.-B. Boredon, illustrée de nombreuses gravures sur bois, in-12.
Histoire complète de la Pologne, depuis ses origines jusqu'à nos jours, par E.-F. Chevé, 2 vol. in-12.

Histoire d'Angleterre, par John Lingard, traduit par M. Léon de Wailly, 6 vol. in-12.

Histoire d'Anne de Bretagne, reine de France, par J.-J.-E. Roy, in-8.

Histoire de Bayart, par Alfred de Terrebasse, in-12.

Histoire de Boniface VIII et de son siècle, par dom Louis Tosti, 2 vol. in-8.

Histoire de Bordeaux, par dom Devienne, 2 vol. in-8.

Histoire de Bossuet, évêque de Meaux, par J.-J.-E. Roy, in-12.

Histoire de Bossuet, par le cardinal de Bausset, 3 vol. in-12.

Histoire de Charles V, roi de France, par J.-J.-E. Roy, in-12.

Histoire de Charles VIII, roi de France, par M. Todière, in-12.

Histoire de Charles-Quint, d'après Robertson, in-12.

Histoire de Christophe Colomb, par M. de Montrond, in-12.

Histoire de Danemark et Norwége, d'après Lunblad, in-12.

Histoire de deux enfants d'ouvriers, par Henri Conscience, in-12.

Histoire de Du Guesclin, d'après Guyard de Berville, in-12.

Histoire de Fénelon, archevêque de Cambrai, par J.-J.-E. Roy, in-12.

Histoire de Fénelon, composée sur les manuscrits originaux, par le cardinal de Beausset, 4 vol. in-12.

Histoire de Florence, par J.-J.-E. Roy, in-12.

Histoire de France depuis les origines gauloises jusqu'à nos jours, par M. Amédée Gabourd, 3 vol. in-12.

Histoire de Godefroi de Bouillon, par H. Prévost, in-12.

Histoire de Godefroy de Bouillon, par M. d'Exauvillez, in-12.

Histoire de Henri VIII et du schisme d'Angleterre, par M. Audin, 2 vol. in-12.

Histoire de Henri le Grand, roi de France et de Navarre, in-12.

Histoire de Jeanne d'Arc, par M. le baron de Barante, in-12.

Histoire de Jeanne d'Arc, par J.-J.-E. Roy, in-12.

Histoire de Jean Racine, par J.-J.-E. Roy, in-8.

Histoire de la bienheureuse Marguerite-Marie, par le R. P. Ch. Daniel, in-12.

Histoire de la bienheureuse Marie de l'Incarnation (Mme Acarie), par J.-B.-A. Boucher, 2 vol. in-12.

Histoire de la Chevalerie, par J.-J.-E. Roy, in-12.

Histoire de la Compagnie de Jésus, par J.-M.-S. Daurignac, 2 vol. in-12.

Histoire de la conquête d'Alger, écrite sur des documents inédits et authentiques, par M. Alfred Nettement, in-18.

Histoire de la conquête de Constantinople, par les Latins, par M. Baptistin Poujoulat, in-12.

Histoire de la conquête de l'Espagne, par les Arabes, par M. de Marlès, in-12.

Histoire de la conquête du Mexique, par Antonio de Solis, traduite de l'espagnol par M. de Toulza, 3 vol. in-12.

Histoire de la guerre d'Italie en 1859, par J.-J.-E. Roy, in-12.

Histoire de la Ligue sous les règnes de Henri III et de Henri IV, par M. Victor de Chalambert, 2 vol. in-8.

Histoire de la littérature française sous la Restauration (1814-1830), par M. Alfred Nettement, 2 vol. in-8.

Histoire de la Lombardie, par A. Le Gallais, in-8.

Histoire de la Normandie ancienne et moderne, par Ch. Barthélemy, in-8.

Histoire de la reine Blanche, mère de saint Louis, par M. Nisard, in-12.

Histoire de la révolution de 1688 en Angleterre, par Th. Ménard, in-8.

Histoire de la révolution de Rome, années 1846-47-49 et 50, par M. A. Balleydier, 2 vol. in-8.

Histoire de la Révolution et de l'Empire, par M. Amédée Gabourd, 10 vol. in-8.

Histoire de la Révolution française, par le vicomte de la Morre, in-12.

Histoire de la Savoie et du Piémont, par M. Le Gallais, in-8.
Histoire de la Vendée militaire, par J. Crétineau-Joly, 4 vol. in-12.
Histoire de la vie de Notre-Seigneur Jésus-Christ, depuis son incarnation jusqu'à son ascension, par le P. de Ligny, 2 vol. in-12.
Histoire de la vie, des ouvrages et des doctrines de Martin Luther, par M. Audin, 3 vol. in-12.
Histoire de l'empereur Napoléon Ier, par Amédée Gabourd, in-8.
Histoire de l'empereur Nicolas, par A. Balleydier, 2 vol. in-8.
Histoire de Léon X, par M. Audin, 2 vol. in-8.
Histoire de l'Inde, par M. de Marlès, in-12.
Histoire de Louis XI, par J.-J.-E. Roy, in-12.
Histoire de Louis XII, par J.-E. Roy, in-12.
Histoire de Louis XII, roi de France, par M. Todière, in-18.
Histoire de Louis XIV, à l'usage de la jeunesse, par J.-E. Roy, in-12.
Histoire de Marguerite d'Anjou, par J.-J.-E. Roy, in-8.
Histoire de Marie-Antoinette, reine de France, par J.-J.-E. Roy, in-8.
Histoire de Marie Stuart, par Mme Bourdon, in-12.
Histoire de Marie Stuart, par M. de Marlès, in-12.
Histoire de Marie-Thérèse d'Autriche, impératrice d'Allemagne, par J.-J.-E. Roy, in-8.
Histoire de mes opinions religieuses, par John-Henri Newman, in-8.
Histoire de Napoléon, par M. l'abbé de Villiers, in-12.
Histoire de Napoléon et de la grande armée, par M. le général comte de Ségur, 2 vol. in-8.
Histoire de Notre-Seigneur Jésus-Christ et de son siècle, traduite du comte de Stolberg, par l'abbé Jager et par l'abbé Bour, in-12.
Histoire de Pologne, par M. de Marlès, in-12.
Histoire de Portugal, par M. de Marlès, in-12.

Histoire de Richard Cœur de Lion, par M. Baptistin Poujoulat, in-12.
Histoire de Russie, par M. de Marlès, in-12.
Histoire de Saint-Domingue, par M. de Marlès, in-12.
Histoire de saint Antoine de Padoue, de l'ordre des Frères-Mineurs, in-8.
Histoire de saint Augustin, sa vie, ses œuvres, par M. Poujoulat, 2 vol. in-12.
Histoire de saint François d'Assise, par M. Petit, in-12.
Histoire de saint François Xavier de la Compagnie de Jésus, par J.-M.-S. Daurignac, 2 vol. in-12.
Histoire de saint Ignace de Loyola et de la Compagnie de Jésus. par le R. P. Bartoli, 2 vol. in-8.
Histoire de saint Louis, par Joinville, édition nouvelle, par l'abbé Millault, in-8.
Histoire de saint Louis, roi de France, in-12.
Histoire de saint Louis de Gonzague, prince du saint empire, religieux de la Compagnie de Jésus, par J.-M.-S. Daurignac, in-12.
Histoire de saint Pie V, pape, de l'ordre des Frères-Prêcheurs, par le comte de Falloux, 2 vol. in-12.
Histoire de sainte Barbe, vierge et martyre, par M. l'abbé Villemot, in-12.
Histoire de sainte Chantal, par M. l'abbé Bougaud, 2 vol. in-12.
Histoire de sainte Edwige, par l'abbé Knoblich, in-12.
Histoire de sainte Élisabeth de Hongrie, duchesse de Thuringe, par le comte de Montalembert, 2 vol. in-12.
Histoire de sainte Godelive de Ghistelles, légende du xie siècle, par M. Louis Debaecker, in-18.
Histoire de sainte Monique, par M. l'abbé Bougaud, in-8.
Histoire de sainte Monique, par M. l'abbé Petit, in-12.
Histoire de sainte Paule, par M. l'abbé F. Lagrange, in-8.
Histoire de sainte Radégonde, par M. le vicomte Th. de Bussière, in-12.
Histoire de Stanislas Ier, roi de Pologne, par M. l'abbé Proyart, in-12.

Histoire de Sybille, par M. Octave Feuillet, in-12.
Histoire de Théodose le Grand, par Fléchier, in-12.
Histoire de Thomas Becket, archevêque de Cantorbéry, saint et martyr, in-12.
Histoire de Turenne, par l'abbé Raguenet, in-12.
Histoire de Venise, par Valentin, in-12.
Histoire de W.-A. Mozart, sa vie et son œuvre, d'après la grande biographie de G.-N. de Nissen, traduite de l'allemand, par Albert Sowinski, in-8.
Histoire des chevaliers de Malte, d'après Vertot, in-12.
Histoire des Colonies françaises, par J.-J.-E. Roy, in-12.
Histoire des Croisades, par M. Ch. Farine, in-8.
Histoire des Croisades, par MM. Michaud, de l'Académie Française, et Poujoulat, in-8.
Histoire des ducs de Bourgogne, par M. de Barante, 8 vol. in-12.
Histoire des États-Unis d'Amérique, par Théophile Ménard, in-8.
Histoire d'Espagne, par le comte Victor du Hamel, in-12.
Histoire des Petites-Sœurs des pauvres, par Félix Ribeyre, in-12.
Histoire des premiers siècles du christianisme, par Ferdinand Grimont, in-12.
Histoire des solitaires d'Orient, par l'abbé Théry, in-12.
Histoire des Templiers, par J.-J.-E. Roy, in-12.
Histoire des trois derniers princes de la maison de Condé, par J. Crétineau-Joly, 2 vol. in-8.
Histoire du chevalier Bayart, par Guyard de Berville, in-12.
Histoire du christianisme au Japon, par le P. de Charlevoix, 2 vol. in-8.
Histoire du grand Condé, par Ad. Lemercier, in-12.
Histoire du pape Grégoire VII, par J. Voigt, 2 vol. in-12.
Histoire du pape Innocent III et de ses contemporains, par Frédéric Hurter, 3 vol. in-8.
Histoire du pape Sixte-Quint, par J.-J.-E. Roy, in-12.
Histoire du Pérou et de sainte Rose de Lima, par le vicomte M. Th. de Bussière, in-8.

Histoire du siége et de la prise de Sébastopol, par J.-J.-E. Roy, in-8.
Histoire d'un billet de banque, par F. de Sylva, in-12.
Histoire d'un navire, par Ch. Vimot, in-12.
Histoire d'un pauvre musicien (1770-1793), par X. Marmier, in-12.
Histoire d'un village, par le vicomte de Melun, in-12.
Histoire d'une bouchée de pain, par Jean Macé, in-12.
Histoire d'une cervelle, conduite à Charenton par la lecture du *Siècle*, par M. Loyau de Lacy, in-12.
Histoire d'une pipe, par de Lamothe, 2 vol. in-18.
Histoire générale de l'Église, depuis le commencement de l'ère chrétienne jusqu'à nos jours, par M. l'abbé J.-E. Darras, 4 vol. in-8.
Histoire intime, par Mlle Zénaïde Fleuriot, in-12.
Histoire naturelle de la France, par M. A. Isabeau, in-12.
Histoire populaire de Louis XVII, par F. Nettement, in-12.
Histoire populaire des papes, par J. Chantrel, 5 vol. in-8.
Histoire religieuse de Notre-Dame de Lorette, par le R. P. Caillau, père de la Miséricorde, in-18.
Histoire religieuse, politique et littéraire de la Compagnie de Jésus, par J. Crétineau-Joly, 6 vol. in-12.
Histoire romaine (Abrégé de l'), par M. l'abbé Tailhé, 5 vol. in-12.
Histoire romaine, par J.-B. Boredon, 1 vol. illustré.
Histoires de chez nous, récits bretons, par Hippolyte Violeau, in-12.
Histoires et légendes Irlandaises, par F. Nettement, in-12.
Histoires pour tous, par Mlle Zénaïde Fleuriot, in-12.
Hollande catholique (La), par le R. P. dom Pitra, in-12.
Hommes célèbres de la France (Les), par M. d'Exauvillez, in-12.
Homme de bien (Un), par M. Hippolyte Violeau, in-12.
Hommes d'État les plus célèbres, par M. de Montrond, in-12.

Hommes noirs (Les), par P. Delaporte, in-18.
Homonymes de l'histoire (Les), par Mme Bourdon, in-12.
Hugues-Capet et son époque, par J.-J.-E. Roy, in-12.
Hunyad ou la Hongrie au xve siècle, par C. Guenot, in-8.
Hygiène et économie domestique, par M. A. Ysabeau, in-12.

I

Idoles du jour (Les), par Esprit Privat, in-12.
Iermola, roman polonais, traduit par Etienne Marcel, in-12.
Ile des Cinq (L'), par Ernest Fouinet, lauréat de l'Institut.
Illustres chevaliers (Les) ou aventures héroïques des grands capitaines, par M. Todière, in-8.
Immolation, par Mary, in-12.
Importance de la prière, par saint Liguori, in-18.
Impressions d'un pèlerin de Terre-Sainte, par M. l'abbé Becq, in-8.
Introduction à la vie dévote, par saint François de Sales, in-12.
Introduction à l'étude de la religion, de son histoire, de ses dogmes, de ses institutions, par le R. P. Millet, in-12.
Instructions et conseils aux filles domestiques et à tous les domestiques en général, par l'abbé C.-J. Busson, in-12.
Instructions sur les principales fêtes de l'Église, par l'abbé Gosselin, 3 vol. in-18.
Instructions sur les principales vérités de la religion et sur les principaux devoirs du christianisme, par Mgr l'évêque de Toul, in-12.
Intérieur d'une famille chrétienne (L'), par Mme de Sainte-Marie, in-12.
Inventaire (L'), suivi de : *le Billet de logement*, par Mme Bourdon, in-12.
Isola, par Jéhan, 2 vol. in-18.
Itinéraire de Paris à Jérusalem, par M. le vicomte de Châteaubriant, 2 vol. in-12.
Itinéraire ou voyages de M. l'abbé de Feller, 2 vol. in-8.

J

Jacquard ou l'ouvrier lyonnais, par Laurent de Voivreuil, in-12.
Jacqueline Pascal, par M. Victor Cousin, in-12.
Jacquemin le franc-maçon, par Jean de Septchênes, in-12.
Jacques Cœur, par M. Cordellier-Delanoue, in-12.
Jean Bart, par Frédéric Kœnig, in-8.
Jean et Jeannette, par Henri de Bellaing, in-18.
Jean ou l'état le plus heureux, in-12.
Jean l'ivoirier, par Raoul de Navery, in-12.
Jean-Pierre ou une bonne première communion, in-12.
Jean qui grogne et Jean qui rit, par Mme la comtesse de Ségur, in-12.
Jean Reboul, étude historique et littéraire, par Maxime de Montrond, in-12.
Jeanne de Bellemare ou l'orpheline de Verneuil, par Stéphanie Ory, in-18.
Jeanne-Marie, par M. Raoul de Navery, in-12.
Jérusalem et la Judée, par M. E. Garnier, in-12.
Jérusalem, histoire de cette ville célèbre, par de Ravensberg, in-12.
Jésuites (Les), entretiens des vivants et des morts à la frontière des deux mondes, par Collin de Plancy, in-12.
Jésuites au bagne (Les), (Brest et Toulon), par L. Aubineau, 2 vol. in-18.
Jésus-Christ et la critique nouvelle, par le R. P. Félix (Conférences de Notre-Dame 1864), in-12.
Jésus offert à la jeunesse, par M. l'abbé Dumax, in-12.
Jésus vivant dans le prêtre, in-12.
Jeudis de Mme Charbonneau (Les), par A. de Pontmartin, in-12.

Jeune docteur (Le), par Henri Conscience, in-12.
Jeune fille (La), conversations et récits populaires, par M. de Milly, in-18.
Jeune Louis (Le), par Honoré Benoist, in-12.
Jeune marin (Le) ou l'éducation maternelle, par Mme Claire Guermante, in-12.
Jeune tambour (Le) ou les deux amis, par Mme Woillez, in-12.
Jeunes converties (Les), traduit de l'anglais, in-8.
Jeunes Français de toutes les époques (Les), par A. de Saillet, in-8.
Jeunes ouvrières (Les), par Mme Woillez, in-12.
Jeunesse de Michel-Ange (La), coup d'œil sur ses principaux ouvrages, par Frédéric Kœnig, in-8.
Jeunesse de Salvator Rosa (La), par Frédéric Kœnig, in-12.
José le Tirador, par l'abbé Ch. Guénot, in-8.
Joseph ou le vertueux ouvrier, par M. l'abbé Petit, in-12.
Joseph Duplessis ou le futur missionnaire en Cafrérie, par J.-E. Roy, in-8.
Joseph Pagnon, avec préface, par M. V. de Laprade, de l'Académie Française, in-12.
Joseph Régnier, par Henri Vrignault, in-12.
Journal de Marguerite (Le) ou les deux années préparatoires à la première communion, par Mlle Monniot, 2 vol. in-12.
Journal d'un solitaire, par Alphonse de Milly, in-12.
Journée chrétienne de la jeune fille, par Mme Bourdon, 2 vol. in-18.
Journée des malades (La), par M. l'abbé Henri Perreyve, in-12.
Juanna, par Stéphanie Ory, in-8.
Juif de Vérone (Le) ou les sociétés secrètes en Italie, par le P. A. Bresciani, 2 vol. in-12.
Jules ou la vertu dans l'indigence, par Mme C. Farrenc, in-12.
Julien Durand, par Mme de Gaulle, in-12.
Julien ou l'enfant industrieux, par Langlois, in-12.
Juliette, par E. Marcel, in-12.

K

Kabyle (Le) ou l'influence des vertus chrétiennes, par M. Léon Buron, in-12.

L

Lacordaire (Le P.), étude historique et biographique, par M. de Montrond, in-12.
Lacordaire (Le P.), par M. le comte de Montalembert, in-12.
Lacordaire (Le R. P. H.-D.), sa vie intime et religieuse, par le R. P. B. Chocarne, 2 vol. in-8.
Lamoricière (Le général de), par M. l'abbé E. Pougeois, in-12.
Lampe du sanctuaire (La), par Mgr Wiseman, in-12.
Lancelle et Anatole ou les soirées artésiennes, par P. Duponchel, in-12.
Lancelot (Sir), par le P. Faber, in-12.
Langage de la physionomie (Le) et du geste, par l'abbé Lambert, in-18.
Lars Vonved ou le pirate de la Baltique, traduit de l'anglais par Mme Léontine Rousseau, in-12.

Laure de Cernan, suite au Château de Bois-le-Brun, par S. Bigot, in-8.

Laure et Anna ou la puissance de la Foi sur le caractère, par Mlle Fanny de V., in-12.

Laurentia, histoire japonaise, par lady Georgina Fullerton, in-12.

Laurette de Malboisière, par la marquise de la Grange, in-12.

Léandre et Hermigild ou régénération de l'Espagne, récit du vi^e siècle, par M. l'abbé Geiger, 2 vol. in-12.

Leçons de la vie, par Mlle Nottret, in-12.

Lectures de piété (Nouvelles), convenables à tous les états, par l'abbé Champion, 4 vol. in-12.

Lectures d'hiver, par M. Alfred des Essarts, in-12.

Légendaire de la Vierge Marie (Le), par M. d'Appilly, in-12.

Légende celtique (La) et la poésie des cloîtres bretons, par H. de la Villemarqué, in-12.

Légende d'Ali (La), suivie d'Athanatopolis, par Eugène de Margerie, in-12.

Légende de Notre-Dame, par l'abbé E. Darras, in-12.

Légende de saint François d'Assise, par M. l'abbé Simon de Latreiche, in-12.

Légendes célestes, par M. Alf. des Essarts, in-12.

Légendes d'Allemagne, in-12.

Légendes de l'Ancien Testament, par J. Collin de Plancy, in-8.

Légendes de la sainte Vierge, par J. Collin de Plancy, in-8.

Légendes de l'atelier (Les), par Maurice Le Prévost, in-12.

Légendes de l'histoire de France, par J. Collin de Plancy, in-8.

Légendes des Commandements de Dieu, par J. Collin de Plancy, in-8.

Légendes des Commandements de l'Église, par J. Collin de Plancy, in-8.

Légendes des femmes dans la vie réelle, par J. Collin de Plancy, in-8.

Légendes infernales, par J. Collin de Plancy, in-8.
Légendes des origines, par J. Collin de Plancy, in-8.
Légendes des Sacrements, par J. Collin de Plancy, in-8.
Légendes des saintes images, par J. Collin de Plancy, in-8.
Légendes des sept péchés capitaux, par J. Collin de Plancy, in-8.
Légendes des vertus théologales, par J. Collin de Plancy, in-8.
Légendes du Juif errant, par J. Collin de Plancy, in-8.
Légendes du Nouveau Testament, par J. Collin de Plancy, in-8.
Lendemain du mariage (Le), par Antonin Rondelet, in-12.
Léontine et Marie ou les deux éducations, par Mme Woillez, in-12.
Léontine, histoire d'une jeune femme, par Mme Bourdon, in-12.
Le Sueur (Eustache), par M. L. Vitet, de l'Académie française.
Lettres à un ouvrier sur l'éducation de son fils, in-12.
Lettres à une mère sur l'éducation de son fils, par M. Laurentie, in-32.
Lettres à une jeune fille, par Mme Bourdon, in-12.
Lettres de Léonie, suivies de sa vie, 3 vol. in-18.
Lettres de Mme de Sévigné, avec les notes de tous les commentateurs, 6 vol. in-12.
Lettres de Mme de Sévigné, précédées d'une notice sur sa vie, par M. Suard, in-12.
Lettres de Mme Swetchine, publiées par le comte de Falloux, 2 vol. in-8.
Lettres de saint François de Sales, 3 vol. in-8.
Lettres d'Ozanam, 2 vol. in-8.
Lettres d'un vieux laboureur, publiées par G. Symphor Vaudoré, in-18.
Lettres d'une marraine à sa filleule, par Mme Emmeline Raymond, in-12.
Lettres du P. Roy de la Compagnie de Jésus, 2 vol. in-18.
Lettres du R. P. Lacordaire à Mme la comtesse Eudoxie de la Tour du Pin, in-18.

Lettres édifiantes et curieuses sur les missions du Maduré, publiées par le R. P. J. Bertrand, 2 vol. in-8.
Lettres et entretiens sur l'éducation des filles, par Mme de Maintenon, publiés par M. Th. Lavallée, 2 vol. in-12.
Lettres et opuscules inédits du comte Joseph de Maistre, précédés d'une notice biographique, par son fils le comte Rodolphe de Maistre, 2 vol. in-12.
Lettres et pensées d'Hippolyte Flandrin, précédées d'une notice biographique, par le vicomte Henri Delaborde, in-8.
Lettres inédites de Mme Swetchine, publiées par le comte de Falloux, in-8.
Lettres inédites de saint François de Sales, 2 vol. in-8.
Lettres inédites du R. P. Surin, in-12.
Lettres spirituelles du R. P. J.-J. Surin de la Compagnie de Jésus, 2 vol. in-12.
Lettres sur l'histoire de la Réforme en Angleterre et en Irlande, par W. Cobbet, in-12.
Lettres vendéennes, par le vicomte Walsh, 2 vol. in-12.
Liberté (La), par Mgr de Ségur, in-18.
Lion de Flandre (Le), par Henri Conscience, 2 vol. in-12.
Lionello faisant suite au Juif de Vérone, par le P. A. Bresciani, in-12.
Lingot d'or (Le), anecdotes, fables, contes, par Th. Rimbaut, in-18.
Lingots d'argent (Les), par Mendoza de Vivès, in-12.
Livre d'exemples (Nouveau), par l'abbé Mullier, 2 vol. in-12.
Livre des classes ouvrières et des classes souffrantes, par M. l'abbé Mullois, in-32.
Livre des habitants des campagnes, in-12.
Livre des jeunes filles (Le), par une religieuse de la Nativité, approuvé par Mgr l'évêque de Valence, in-12.
Lizzie Maitland, traduit de l'anglais, par J. Chantrel, in-12.
Loisirs poétiques, par Hippolyte Violeau, in-12.
Lorenzo ou le conscrit, par le P. Bresciani, in-12.
Lorenzo ou l'empire de la religion, par E.-S. Drioude, in-12.

Louis XIII et Richelieu, par M. Todière, in-12.

Louis XVI, par le comte de Falloux, in-12.

Louis XVII, sa vie, son agonie, sa mort, par M. A. de Beauchesne, 2 vol. in-4.

Louis XVII, sa vie, son agonie, sa mort, par M. A. de Beauchesne, 2 vol. in-12.

Lucia de Mommor, par H. de Beugnon, in-12.

Lucie, épisode de l'histoire de Syracuse, sous le règne de Dioclétien, par René du Mesnil de Maricourt, in-8.

Lucie Hardinge, par J. Fenimore Cooper, in-8.

Ludwig et Edeltrude, par F.-J. Holzwartz, traduit de l'allemand, in-12.

Luttes d'un chrétien (Les) entre son cœur et sa foi, édition revue et corrigée, par M. de Plasman, in-12.

Lydia, par le chan. Herman Geiger, traduit de l'allemand, in-12.

M

Ma conversion et ma vocation, par le P. Shouvaloff, in-12.

Madagascar et le roi Radama II, par le R. P. Henri de Régnon, in-12.

Madagascar et ses deux premiers évêques, par Mgr Maupoint, 2 vol. in-12.

Madame Darcourt ou l'orgueil puni, par Mme D. Nourigeon, in-8.

Madame Rosély ou la marâtre chrétienne, par Mlle Monniot, 2 vol. in-12.

Mademoiselle de Malepeire, par Mme Charles Reybaud, in-12.

Mademoiselle de Neuville, par Mme Bourdon, in-12.

Magasin d'antiquités (Le), par Charles Dickens, 2 vol. in-12.

Magie (La) au dix-neuvième siècle, par le chevalier Gougenot des Mousseaux, in-8.

Magistrats les plus célèbres de la France, par M. de Montrond, in-12.

Main droite (La) et la main gauche, par Mme Bourdon, in-12.

Main qui se cache (La), par M. Raoul de Navery, in-12.

Maintenon (Mme de) et la maison royale de Saint-Cyr, 1686-1793, par Théophile Lavallée, in-8.

Maire de village (Le), in-12.

Maison aux sept pignons (La), par Nathaniel Hawthorne, in-12.

Maison de glace (La) ou le chasseur de Vincennes, par le P. Bresciani, in-12.

Maison du Cap (La), par M. Hippolyte Violeau, in-12.

Maison du dimanche (La), par L. Roche, in-12.

Maison du lundi, (La) par L. Roche, in-12.

Maison qui s'élève (La), par C. Guenot, in-12.

Maison qui tombe (La), par C. Guenot, in-12.
Maître Mathurin, par M. de Saint-Martin des Islets, in-12.
Malheurs de Sophie (Les), par Mme la comtesse de Ségur, in-12.
Manifestations de la providence dans la nature, études de la nature de Bernardin de Saint-Pierre, notes de M. l'abbé Orse, in-12.
Manoir (Le) et le monastère, par M. Marcel Tissot, in-12.
Manuel de la confrérie du très-saint nom de Dieu et de Jésus, contre les blasphèmes et la violation du dimanche, par le R. P. Chéry, in-18.
Manuel des âmes intérieures, du P. Grou, de la Compagnie de Jésus, in-12.
Manuel des pères et mères de famille, par M. l'abbé J. Curot, in-12.
Manuscrit de Raoul (Le), par S. Bigot, in-12.
Marcellinus, par l'abbé C. Guenot, in-12.
Marchand d'Anvers (Le), par Henri Conscience, in-12.
Marcia et les femmes aux premiers temps du christianisme, par Mme Bourdon, in-12.
Marcus Plautius ou les chrétiens à Rome sous Néron, par C. Guenot, in-8.
Marguerite à vingt ans, suite et fin du journal de Marguerite, par Mlle Monniot, 2 vol. in-12.
Marguerite de San-Miniato (La), in-12.
Marguerite Robert, par Mme Tullie Moneuse, in-12.
Marguerites en fleurs, par Jean Lander, in-18.
Maria ou les cérémonies du culte catholique, par l'abbé Sanesi, in-12.
Marianne Aubry, par Mlle Julie Gouraud, in-18.
Marie d'Agréda (Sœur) et Philippe IV d'Espagne, manuscrit espagnol, traduit par M. Germond de la Vigne, in-12.
Marie de Bourgogne, par Mlle A. Gerbier, in-8.
Marie et Marguerite, histoire du viiie siècle, par F. Villars, in-8.
Marie-Madeleine (Sainte) et les autres amis du Sauveur, apôtres de Provence, par le R. P. Benoît Valuy, de la Compagnie de Jésus, in-8.

Marie ou l'ange de la terre, par Mlle Fanny de V., in-12.
Marie ou la vertueuse ouvrière, par M. l'abbé Petit, in-12.
Marie ou l'éducation d'une jeune fille jusqu'à douze ans, traduit de l'anglais avec approbation de Mgr l'évêque de Dijon, in-12.
Marie, reine et mère des saints, par M. l'abbé Guyard, vicaire général de Montauban, in-12.
Marie, secours des chrétiens, cours d'instructions sur la sainte Vierge, tirées des sermons et des élévations de Bossuet, in-12.
Marie Tudor et Élisabeth, reines d'Angleterre, par Mme Bourdon, in-12.
Marins célèbres de la France (Les), par Adrien Lemercier, in-12.
Marins les plus célèbres, par M. de Montrond, in-12.
Marquise de Thérange (La), par Mme la comtesse Olympe M. de Lernay, 2 vol. in-12.
Marquise et pêcheur, par Mlle Zénaïde Fleuriot, in-12.
Marquise Satin-Vert (La) et sa femme de chambre Rosette, par Mme la baronne E. Martineau des Chesnez, in-12.
Marthe Blondel ou l'ouvrière de fabrique, par Mme Bourdon, in-12.
Martyr d'un secret, par Raoul de Navery, in-12.
Martyrs de Gorcum (Les), par M. l'abbé Patrice Chauvierre, in-12.
Martyrs de la liberté de l'Église en 1867 (Les), Nérola, Monte-Libretti, Monte-Rotondo, Mentana, par le P. Huguet, in-12.
Martyrs de la Sibérie (Les), par M. de Lamothe, 3 vol. in-18.
Martyrs du Japon (Les 205), béatifiés en 1867. Notice par le P. Boéro, in-12.
Massacres de l'abbaye, par M. l'abbé Orse, in-12.
Mathilde de Canosse, par A. Bresciani, in-12.
Matin (Le) et le soir, par Mme Bourdon, in-12.
Mauvais génie (Le), par Mme la comtesse de Ségur, in-12.

Mauvais œil (Le) ou le spectre noir, par William Carleton, in-12.

May Templeton ou Foi et Charité, traduit de l'anglais, in-12.

Médecin sous la Terreur (Un), par M. Ed. Lafond, in-12.

Méditations pour tous les jours de l'année, par le P. N. Avancin, 2 vol. in-18.

Méditations sur les Évangiles, par le R. P. Médaille, in-18.

Méditations sur les mystères de la Foi, par le R. P. Louis du Pont, 4 vol. in-8.

Meilleure part (La), scènes de la vie réelle, par Mme V. Vattier, in-18.

Meilleurs proverbes (Les) français et étrangers, in-12.

Mélanges religieux, philosophiques, politiques et littéraires de J. Balmès, traduit par J. Bareille, 3 vol. in-12.

Mélanie et Lucette ou les avantages de l'éducation religieuse, in-18.

Mémoires de Mme la marquise de la Rochejaquelein, 2 vol. in-12.

Mémoires d'outre-tombe, par Châteaubriand, 6 vol. in-8.

Mémoires du chanoine Schmid, publiés et continués par l'abbé Werfer son neveu, in-8.

Mémoires du chevalier de Pontis, 2 vol. in-12.

Mémoires du maréchal de Bassompierre, 2 vol. in-12.

Mémoires d'un âne, par Mme la comtesse de Ségur, in-12.

Mémoires d'un bébé (Les), par Mme Marie de Bray, in-12.

Mémoires d'un caniche, par Mlle Julie Gouraud, in-12.

Mémoires d'un centenaire, dédiés à ses arrière petits-enfants, par Alexandre de Saillet, in-8.

Mémoires d'un déporté à la Guyane française, par Al. de Lamothe, in-18.

Mémoires d'un inconnu, par Balech-Lagarde, in-12.

Mémoires d'un père, in-8.

Mémoires d'une institutrice à Constantinople, racontés par dom Alonso, in-12.

Mémoires d'une petite fille, par Mlle Julie Gouraud, in-12.

Mémoires d'une poule noire, par Maurice Barr, in-12.

Mémoires sur l'ancienne chevalerie, considérée comme un établissement politique et militaire, par M. de la Curne de Sainte-Palaye, 3 tomes en 2 vol. in-12.

Mémorial de la vie chrétienne, par Dupont, 1 vol.

Mémorial des enfants de Marie, notices historiques sur quelques enfants de Marie de la maison dite des Oiseaux, in-12.

Ménétrier d'Echternach (Le), par J. Collin de Plancy, in-12.

Mère de Dieu (La), traduit de l'italien du R. P. Alf. Capecelatro de l'Oratoire, par Mme Craven, avec une lettre du P. Gratry, in-18.

Mère Job (La), par Henri Conscience, in-12.

Merveilles de Dieu (Les) dans les âmes du Purgatoire, par le P. Rossignoli, de la Compagnie de Jésus, in-18.

Merveilles divines (Les) dans la sainte Eucharistie, par le P. Rossignoli, de la Compagnie de Jésus, in-18.

Mes difficultés, collection de petits opuscules, par le R. P. de Damas, 23 vol. in-32.

Mes prisons ou mémoires de Silvio Pellico, traduit par l'abbé Bourassé, in-12.

Méthode courte et facile pour se convaincre de la vérité de la religion catholique, par un supérieur de séminaire, in-18.

Michel Soudais ou les Pontons de Rochefort, par C. Guénot, in-12.

Miramion (Mme de Beauharnais de), sa vie et ses œuvres charitables, par M. Alfred Bonneau, in-8.

Miroir des enfants, album alphabétique du jeune âge, par Mme de Gaulle, in-8.

Misé Brun, par Mme Charles Reybaud, in-12.

Misérables d'autrefois (Les), par Maurice Leprévost, in-12.

Miséricorde (La) ou lectures diverses pour ramener les pécheurs et assurer leur persévérance, par M. l'abbé Legrand, in-18.

Missionnaire russe (Un) en Amérique, par le prince Galitzin, in-12.
Missions d'Amérique, d'Océanie et d'Afrique, par Maxime de Montrond, in-12.
Modèle des jeunes personnes, par l'abbé Carron, in-12.
Mœurs des Israélites et des Chrétiens, par l'abbé Fleury, édition revue et approuvée, in-12.
Mœurs et coutumes des Français, par l'abbé Legendre, in-12.
Mœurs et pratiques des démons, par G. des Mousseaux, in-8.
Moïna ou le Christianisme, par Saint-Clavien, in-12.
Moines d'Occident (Les), par le comte de Montalembert, 5 vol. in-12.
Moines en Gaule (Les), sous les premiers Mérovingiens, par M. le comte de Montalembert, 1 vol. in-12.
Mois de Marie, contemplations sur trente mystères de la vie de la très-sainte Vierge, par le R. P. Al. Lefebvre, de la Compagnie de Jésus, in-12.
Mois de Marie (Nouveau), par le R. P. Zacharie de Sully, capucin, in-18.
Moment de la grâce (Le), in-18.
Monique la savoisienne, par Raoul de Navery, in-12.
Mon oncle André ou vanité des richesses, par Théophile Ménard, in-8.
Monsieur Progrès, par Maurice Leprévost, in-12.
Mon sillon, par Mlle Zénaïde Fleuriot, in-12.
Montagu (Anne-Paule-Dominique de Noailles marquise de), in-12.
Mont Saint-Laurent (Le), traduit de l'anglais, par J. Dillies, 2 vol. in-12.
Morale des anges (La) ou la religion parlant à l'esprit et au cœur, par M. l'abbé de Villiers, in-18.
Morale (La) est la loi de l'histoire, par le P. Gratry, 2 vol. in-8.
More de Grenade (Le), par Henri Guénot, in-8.
Morogh à la Hache, par Ch. Buet, in-12.

Mozart ou la jeunesse d'un grand artiste, par Et. Gervais, in-12.

Mozart. Vie d'un artiste chrétien au xviii° siècle, extraite de sa correspondance authentique, traduit par Goschler, in-12.

N

Nantes et la Loire-Inférieure, vieilles légendes et récits nouveaux, par L. de la Rallaye, in-12.

Naples, histoire, monuments, beaux-arts, littérature, in-8.

Napoléon et sa famille, par M. de Lescure, 1 vol. in-8.

Naufrage (Le) ou l'île déserte. Imité de l'anglais, par Blanchard, in-12.

Naufragés au Spitzberg (Les) ou les salutaires effets de la confiance en Dieu, par L. F., in-12.

Nazareth et Lorette, par M. Milocheau, in-12.

Ne fuyons pas les campagnes, par M. l'abbé Tounissoux, in-12.

Nina l'incorrigible ou la première confession, par Mlle Monniot, in-12.

Nobles filles (Les), par Eugène Nyon, in-8.

Noms des Oiseaux (Les), expliqués par leurs mœurs, par l'abbé Vincelot, in-8.

Notice biographique sur M. de Lehen, par un de ses amis, in-18.

Notice sur Mlle Célestine Boguais de la Boissière, in-12.

Notre-Dame de France, par M. le curé de Saint-Sulpice, 8 vol. in-8.

Notre-Dame de Lourdes, par Henri Lasserre, in-12.

Nouveaux contes de Fées, pour les petits enfants, par Mme la comtesse de Ségur, in-12.

Nouveaux souvenirs d'une mère de famille, par Madame Woillez, in-12.

Nouvelles causeries ou esquisses morales, par Mlle Julie Gouraud, in-12.

Nouvelles de charité, par Raoul de Navery, in-12.

Nouvelles du Dimanche, par le marquis de Roys, in-12.

Nouvelles et récits villageois, par Jean Lander, in-18.

Nouvelles et voyages, par M. Antonin Rondelet, in-12.
Nouvelles héroïnes chrétiennes (Les) ou vies édifiantes de dix-sept jeunes personnes, par l'abbé Carron, in-18.
Nouvelles histoires, par M. Eugène de Margerie, in-12.
Nouvelles historiques, par Mme Bourdon, in-12.
Nouvelles intimes, par Mlle Amory de Langerack, in-12.
Nouvelles morales, par Mme la comtesse de la Rochère, in-12.
Nouvelles soirées d'une mère, par Mme de Gaulle, in-12.

O

Odyssée d'Antoine (L'), par Raoul de Navery, in-12.
Œuvres choisies de Paul Reynier, in-12.
Œuvres complètes de Berquin, 10 vol. in-12.
Œuvres complètes de Bourdaloue, 16 vol. in-12.
Œuvres complètes de Tacite, traduction de Charles Louandre, 2 vol. in-12.
Œuvres complètes du cardinal Pacca, mises en ordre par M. Queyras, 2 vol. in-8.
Œuvres de charité à Paris (Les), par Mlle Julie Gouraud, in-12.
Œuvres de Donoso Cortès, précédées d'une introduction, par L. Veuillot, 3 vol. in-8.
Œuvres de Xavier de Maistre. Voyage autour de ma chambre. — Le lépreux de la cité d'Aoste. — Les prisonniers du Caucase. — La jeune Sibérienne, in-12.
Oiseau du bon Dieu (L'), par lady Fullerton, in-12.
Olier (M.), instituteur et fondateur de la Congrégation de Saint-Sulpice, in-12.
Olivier de Clisson, par J.-J.-E. Roy, in-12.
Olivier Twist, par Charles Dickens, in-12.
Oncle Reimond (L'), par Henri Conscience, in-12.
Oncle Trésor (L'), par Mlle Zénaïde Fleuriot, in-12.
Onze nouvelles intéressantes et morales, par Mme Bourdon, in-12.
Origines des connaissances humaines, d'après l'Écriture sainte, par le R. P. Chastel, in-12.
Orphelin (L') ou une existence courageuse, par Mme V. Vattier, in-8.
Orpheline (L'), par Henri Conscience, in 12.
Orpheline de Moscou (L') ou la jeune institutrice, par Mme Woillez, in-12.

Orpheline d'Onval (L') ou l'influence de la vertu sur le bonheur, par Mlle Nottret, in-12.
Orpheline (L') et la Veuve, par Mme de Gaulle, in-12.
Orphelins de Montfleuri (Les), par S. Bigot, in-12.
Orphelins (Les) ou deux Adoptions, par Marie Emery, in-12,
Otto Gartner, par Marin de Livonnière, in-12.
Ouvrier (L') **à l'exposition universelle de 1867,** par Henry de Riancey, in-12.

P

Paganisme (Du), de son principe et de son histoire, par l'abbé François Chesnel, in-12.
Pair d'Angleterre (Un), par F. Nettement, in-12.
Paix (La) et la trêve de Dieu, par Ernest Semichon, 2 vol. in-12.
Pape (Du), par le comte de Maistre, in-8.
Pape (Le) **en tous les temps** et spécialement au xixe siècle, par don Juan de Gonzalez, in-12.
Papes contemporains (Les), par J. Chantrel, in-8.
Papes des premiers siècles (Les), par J. Chantrel, in-8.
Papes des temps modernes (Les), par J. Chantrel, in-8.
Papes du moyen-âge (Les), par J. Chantrel, 2 vol. in-8.
Paraphrase des litanies de la très-sainte Vierge, par l'abbé A. Jaubert, in-32.
Parente pauvre (Une), par Mme Bourdon, in-12.
Parfum de Rome (Le), par Louis Veuillot, 2 vol. in-12.
Paris en 1794 et en 1795, histoire de la rue, du club, de la famille, par C.-A. Dauban, in-8.
Paroisse Vendéenne (Une) sous la Terreur, par le comte de Quatrebarbes, in-12.
Parole (La) et le livre, discours du R. P. Félix, in-18.
Passion de Notre-Seigneur Jésus-Christ (La), en vers et poésies religieuses, par H. de Guinaumont, in-18.
Paul Davadan ou l'honnête marchand, par Just Girard, in-12.
Pauline. — Mlle de Monteymart, par Mme de Sainte-Marie, in-12.
Pauvre Blaise, par Mme la comtesse de Ségur, in-12.
Pauvre savetier (Le), in-12.
Pauvres forgerons (Les), par Mme A. Gransard, in-12.

Pauvresse de Casamari (La), par le P. Raphaël Ballerini, de la Compagnie de Jésus, in-12.

Pays de l'or (Le), par Henri Conscience, in-12.

Pédro, par Mme de Gaulle, in-12.

Peintres célèbres (Les), par Valentin, in-12.

Pèlerinage à Jérusalem et au mont Sinaï, par le R. P. Marie-Joseph de Géramb, 3 vol. in-12.

Pèlerinage au pays du Cid (Un), par M. Ozanam, in-12.

Pèlerinage d'Assise, par M. Edmond Lafond, in-18.

Pèlerinage de Christian (Le) et le pasteur de la nuit de Noël, in-18 avec 16 gravures.

Pèlerinages de Bretagne, par M. Hippolyte Violeau, in-12.

Pèlerinages de Suisse (Les), par L. Veuillot, in-8.

Pénitent de Châteauneuf (Le), par M. l'abbé Baunard, in-32.

Pensées du comte de Maistre sur la religion, annotées par un Père de la Compagnie de Jésus, 2 vol. in-12.

Pension de jeunes demoiselles (La), par Mlle Vanhove, in-12.

Pépin de Landen, par Thill Lorrain, in-12.

Père Dimanche (Le), suivi de Les deux Frères, par J. Chantrel, in-12.

Père François (Le) ou l'école des bons serviteurs, par Mlle Eulalie Benoit, in-12.

Pérégrin, par la comtesse Ida Hahn-Hahn, 2 vol. in-12.

Perle cachée (La), par S. E. le cardinal Wiseman, précédé d'une notice sur l'auteur, in-12.

Perte et gain, histoire d'un converti, par le R. P. Newman, recteur de l'Université catholique de Dublin, in-12.

Péters, épisode d'un voyage en Suisse, par J. M., in-12.

Petit Colporteur (Le), par Mlle Julie Gouraud, in-12.

Petit homme noir (Le) ou ne défigurez pas l'image de Dieu, in-12.

Petit Savoyard (Le), par H. Prévault, in-12.

Petit voyage pittoresque autour du monde, avec 200 gravures, in-18.

Petite Belle, par Mlle Zénaïde Fleuriot, in-12.

Petite compagne d'étude (La) ou les dangers de la flatterie, par Mme Julie Delafaye-Bréhier, in-12.

Petite fille de Robinson (Une), par Alfred des Essarts, in-12.
Petite Jeanne (La) ou le devoir, par Mme Z. Carraud, in-12.
Petites études sur les livres saints, par l'abbé David, 1 vol.
Petites filles modèles (Les), par Mme la comtesse de Ségur, in-12.
Petites lectures, 3 vol. in-12.
Petites vérités aux jeunes personnes, par Mlle Julie Gouraud, in-12.
Petites vertus (Les) et les petits défauts de la jeune fille au pensionnat et dans sa famille, par un aumônier, in-18.
Petites vertus (Les) ou le salut chez soi, par l'abbé Ozanam, in-18.
Petits Bollandistes (Les), vies des saints, d'après les Bollandistes, par Mgr Paul Guérin, 15 vol. in-8.
Petits et Grands, par Marin de Livonnière, in-18.
Petits traités pour le temps, par l'abbé Mullois, 46 vol. in-32.
Peuple (Le) et les savants du xixe siècle en matière de religion, par M. de Mirville, in-12.
Philosophes convertis, étude de mœurs au xixe siècle, 1 vol.
Philosophie du ruisseau (La), par Maurice Leprévost, in-12.
Phylon-Binome et le jeu de la fortune, par G. de la Landelle, in-12.
Picciola, par X.-B. Saintine, in-12.
Pie IX, nouvelle biographie, in-12.
Pie IX et les erreurs contemporaines, par Mgr Dechamps, archevêque de Malines, in-12.
Pierre angulaire (La), par Mme Bourdon, in-12.
Pierre de touche (La) des nouvelles doctrines, par B. d'Exauvillez, in-18.
Pierre le Grand, par M. Dubois, in-12.
Pierre Saintive, par L. Veuillot, in-8.
Piété consolante de saint François de Sales, par le R. P. Huguet, mariste, in-18.

Piété rend heureux (La), in-12.
Pieuse pèlerine (La), chronique du temps des croisades, par M. de Montrond, in-12.
Pilote Willis (Le), par Adrien Paul, 2 vol. in-12.
Pirates des prairies (Les), par Gustave Aimard, in-12.
Planche de salut (La), par Mme Bourdon, in-12.
Platon-Polichinelle ou la sagesse devenue folie pour se mettre à la portée du siècle, par un solitaire auvergnat. 3 vol. in-18.
Pluralité des Mondes, par Fontenelle, revu et augmenté par M. l'abbé Orse, in-12.
Plus vrai que vraisemblable, par lady Fullerton, 2 vol. in-12.
Plutus (Le dieu), par M. A. Quinton, in-12.
Poches de mon parrain (Les), par Xavier Eyma, in-12.
Poëme de saint François (Le), par le comte Anatole de Ségur, in-12.
Poésies du père du Cerceau, 2 vol. in-18.
Poètes et artistes contemporains, par M. Alfred Nettement, in-8.
Point d'honneur (Le), par Étienne Marcel, in-12.
Pôle et l'équateur (Le), par Dubois, in-12.
Pologne (La) (1752-1865), par l'abbé Henri Perreyve.
Porte-chaîne (Le), par J. Fenimore Cooper, in-8.
Pouvoir de la charité (Le) ou histoire de Blanche et de Mathilde, par Mme Marie de Bray, in-12.
Pratique des vertus chrétiennes, par M. de Montrond, in-8.
Premier voyage d'un enfant, par Shubert, traduit par le P. Gratry, in-12.
Préparation à la mort, considérations sur les vérités éternelles, par S. Alphonse de Liguori, in-12.
Prêtre déporté en 1792 (Un), épisode de la Révolution, par Mgr Meignan, évêque de Châlons, in-12.
Prévalonnais (Les), par Mlle Zénaïde Fleuriot, 2 vol. in-12.
Primeurs de la vie (Les), par la comtesse de Bassanville, in-12.
Princesses de France (Les), par H. Prévault, in-18.

Prison du Luxembourg (La), sous le règne de Louis-Philippe, par M. l'abbé Grivel, in-12.

Problème économique (Le) et la doctrine catholique, par le R. P. Delaporte, prêtre de la Miséricorde, in-8.

Problèmes, par le R. P. Marin de Boylesve, 15 vol. in-16.

Projets de jeunes filles, par Mme Nanine Guillon, in-12.

Prolétaires (Les), nécessité et moyen d'améliorer leur sort, par Gougenot des Mousseaux, in-8.

Prophète du monastère ruiné (Le) ou l'avenir de l'Irlande, par William O'Gorman, in-12.

Protestante convertie au catholicisme (Une) par sa Bible et son livre de prières, in-12.

Pulchérie, par Mme Bourdon, in-12.

Pupille du docteur (La), par G. d'Éthampes, in-12.

Q

Quarteronne (La), par Mayne-Reid, in-12.

Quarts de nuit (Les), contes et causeries d'un vieux navigateur, par G. de la Landelle, in-12.

Quatre femmes au temps de la Révolution, par l'auteur des Souvenirs de Mme Récamier, in-12.

Quatre nouvelles, par Mme Bourdon, in-12.

Quatre petits Savoyards (Les), par A.-E. de Saintes, in-12.

Quatre portraits, par Mme la comtesse de Hahn-Hahn, in-18.

Quatre récits, par le P. J.-J. Franco, in-12.

Quel amour d'enfant ! par Mme la comtesse de Ségur, in-12.

Quelques petits riens, par Rosario, in-12.

Quiberon, par A. Nettement, in-12.

Quinze ans de séjour à Java, souvenirs d'un ancien officier de la garde royale, recueillis et publiés par J.-J.-E. Roy, in-8.

R

Rafaella ou la ligue Lombarde, par Silvio Pellico, in-12.
Rameur de galères (Le), par Raoul de Navery, in-12.
Rantzau (Le maréchal de), par J.-E. Roy, in-12.
Raphaël, par Frédéric Kœnig, in-8.
Raphaël, Le Corrège, par M. Grandsart, in-12.
Raphaëla de Mérans, par Mlle Monniot, in-12.
Ravensnest, par J. Fenimore Cooper, in-8.
Recherches historiques et critiques sur le véritable auteur du livre de l'Imitation de Jésus-Christ, par J.-B. Malou, in-8.
Recherches historiques sur l'assemblée du clergé de France de 1682, par Charles Gérin, juge au tribunal civil de la Seine, in-8.
Récit d'une sœur, souvenirs de famille, recueillis par Mme Augustus Craven née La Ferronnays, 2 vol. in-8.
Récits anecdotiques, par Van Looy, in-8.
Récits anecdotiques sur S. S. Pie IX, par M. l'abbé V. Dumax, in-12.
Récits consolants, par Raoul de Navery, in-12.
Récits du château (Les), par M. d'Exauvillez, in-12.
Récits du foyer, par M. Hippolyte Violeau, 2 vol. in-12.
Récits et biographies de l'histoire de France, par MM. Beleze et Lesieur, 2 vol. in-12.
Récits et souvenirs : la calèche de ma tante Agathe, par M. Et. Marcel, in-12.
Récits et souvenirs d'un voyage en Orient, par M. Baptistin Poujoulat, in-12.
Récits historiques de la France, 34 vol. in-12.
Récits tirés de l'Ancien Testament, à l'usage des enfants, par Mme la princesse de Broglie, in-12.
Récits tirés du Nouveau Testament, à l'usage des enfants, par Mme la princesse de Broglie, in-12.

Récits variés, par Eugène Veuillot, in-12.
Récréations des adolescents, par Mme de Narbonne, in-12.
Récréations dramatiques, par Mme de Gaulle, in-12.
Récréations instructives, pour les enfants, in-16.
Réflexions et conseils pratiques sur l'éducation, par l'abbé Balme-Frézol, 2 vol. in-12.
Réforme (La) contre la réforme ou retour à l'unité catholique par la voie du protestantisme, traduit de Hœninghans, 2 vol. in-8.
Réfractaire (Le), par Elie Berthet, in-12.
Règles pour le choix d'un état de vie, par Mgr J.-B. Malou, in-12.
Reine Berthe (La) au Grand-Pied et quelques légendes de Charlemagne, par J. Collin de Plancy, in-12.
Reine de Jérusalem (La), xiie siècle, par Eugène Nyon, in-8.
Religieuse en retraite (La), par le R. P. Valuy, in-18.
Religieuse (La) instruite et dirigée dans tous les états de la vie, par le P. B. Agricola, carme déchaussé, 2 vol. in-12.
Religion chrétienne, autorisée par le témoignage des auteurs païens, par le P. de Colonia, S. J., in-8.
Réminiscences d'un vieux touriste, par Eugène de Margerie, in-12.
René d'Anjou, par M. Cordellier-Delanoue, in-12.
République romaine (La), par A. Bresciani, in-12.
Réséda, par Mlle Zénaïde Fleuriot, in-12.
Retraite pour les Dames, par le P. Guilloré, in-18.
Rêve de la vie (Le), par Isaac Marvel, in-12.
Révélations de sainte Brigitte, 4 vol. in-12.
Revue analytique et critique des romans contemporains, par M. A. du Valconseil, 2 vol. in-8.
Rhin allemand (Le) et l'Allemagne du Nord, par Hippolyte Durand, in-8.
Rhône (Le) et la Méditerranée, par M. Léonce de la Rallaye, in-12.
Richesse et pauvreté, par Mme Wanderburk, in-12.
Rien n'est parfait ici-bas, par Fernand Caballero, in-12.

Robertson de la jeunesse ou histoire de l'Amérique, in-12.
Robinson Crusoé, par Daniel Foé, in-12.
Roi et reine, par R. Behrlé, in-12.
Romaine de Todi, in-32.
Romains chez eux (Les), scènes et mœurs de la vie romaine, par Ernest de Toytot, in-12.
Roman contemporain (Le), ses vicissitudes, ses divers aspects, son influence, par Alfred Nettement, in-8.
Roman contre les romans, par M. V. Bertrand, in-12.
Roman d'Élizabeth (Le), par Miss Ann Thackeray, in-12.
Roman d'un chrétien (Le), au xix° siècle, par Edouard Bergounioux, in-12.
Roman d'un jeune homme pauvre (Le), par Octave Feuillet, in-12.
Roman du Renard (Le). Version épurée avec une notice, par J. Collin de Plancy, in-18.
Rome. Lettres d'un pèlerin, par Edmond Lafond, 2 vol. in-12.
Rome et la civilisation, par Eugène Mahon de Monaghan, in-12.
Rome et Lorette, par L. Veuillot, in-8.
Rome sous Néron, étude historique, in-8.
Rosa Daniélo ou les Sarrasins en Provence, par M. l'abbé Orse, in-12.
Rosa Ferrucci, sa vie et ses lettres, publiées par Mme Ferrucci, sa mère, in-8.
Rosario, histoire espagnole, par E.-S. Drieude, in-12.
Rose et Joséphine, in-12.
Rose Jourdain, orages de la mère Noire et Rusé III, par Jean Loyseau, 2 vol. in-12.
Roseline de Villeneuve, in-32.
Ruines de mon couvent (Les), nouvelle traduite de l'espagnol, par M. Léon Bessy, 3 vol. in-12.

S

Sabianus, ou les premiers apôtres de la Gaule, par C. Guénot, in-12.

Sacs et parchemins, par Jules Sandeau, in-12.

Saint Ambroise, évêque de Milan, sa vie et extraits de ses écrits, in-8.

Saint Athanase, patriarche d'Alexandrie, sa vie et extraits de ses écrits, in-8.

Saint Augustin, évêque d'Hippone, sa vie et extraits de ses écrits, in-8.

Saint Basile, évêque de Césarée, sa vie et extraits de ses écrits, in-8.

Saint Benoît et les ordres religieux qu'il a fondés, in-12.

Saint Bernard, abbé de Clairvaux, sa vie et extraits de ses écrits, in-8.

Saint Cyprien, évêque de Carthage, sa vie et extraits de ses écrits, in-8.

Saint Ferdinand, roi de Castille et de Léon, in-12.

Saint François de Sales, modèle et guide du prêtre et du pasteur, par un directeur de séminaire, in-12.

Saint Grégoire de Nazianze, évêque de Saxime, in-8.

Saint Jean Chrysostome, archevêque de Constantinople, in-8.

Saint Jérôme, solitaire et prêtre, sa vie et extraits de ses écrits, in-8.

Saint Laurent, diacre et martyr, par l'abbé A. Labosse, in-8.

Saint Martin, évêque de Tours, par M. de Montrond, in-8.

Saint Norbert, archevêque de Magdebourg et fondateur des chanoines Prémontrés, in-12.

Saint Patrice, apôtre de l'Irlande, par M. de Montrond, in-12.

Saint Paul, sa vie et ses œuvres, par M. Vidal, curé de Notre-Dame de Bercy, 2 vol. in-8.

Saint Thomas Becket, archevêque de Cantorbéry et martyr, par Mgr Darboy, 2 vol. in-12.

Saint Vaast, suivi d'une notice sur saint Omer et sur saint Bertin, in-12.

Saint Yves, juge, avocat et prêtre, par Léonce Roumain de la Rallaye, in-12.

Sainte Adélaïde, impératrice d'Allemagne, par M. l'abbé Hunhler, in-12.

Sainte Famille (la), ou histoire de Tobie, proposée pour modèle aux familles chrétiennes, par M. l'abbé Couturier, in-18.

Sainte Hélène, par Mme J. de Gaulle, in-12.

Sainte Hélène et son siècle, par Mme de Gaulle, in-12.

Sainte Madeleine et la sainte Baume, in-12.

Sainte Marguerite de Cortone, par S. Bigot, in-12.

Saintes larmes (Les), par le P. Eujelvin, in-18.

Saintes voies de la croix (Les), par Boudon, in-18.

Saints et grands hommes du catholicisme, par le P. Smet S. J., in-8.

Saints lieux (Les), pèlerinage à Jérusalem, par Mgr Mislin, 3 vol. in-8.

Salons d'autrefois (Les), par Mme la comtesse de Bassanville, 4 vol. in-12.

Sang humain (Le), par Henri Conscience, in-12.

Sanglier des Ardennes (Le), par J. Collin de Plancy, in-12.

Sans beauté, par Zénaïde Fleuriot, in-12.

Satan et la magie de nos jours, réflexions pratiques sur le magnétisme, le spiritisme et la magie, par Alb. Duroy de Bruignac, 1 volume.

Satanstoe, par J. Fenimore Cooper, in-8.

Scènes de la vie chrétienne, par M. Eugène de Margerie, 2 vol. in-12.

Scènes de la vie flamande, par Henri Conscience, 2 vol. in-12.

Scènes de la vie intime. Une mésalliance, par Dorothée de Boden, in-12.
Scènes de la vie réelle, par Mlle V. Nottrel, maîtresse de pension, in-12.
Scènes de la vie sociale, par Mme de Boden, in-12.
Scènes de l'histoire contemporaine, par Mlle A. Celliez, in-8.
Scènes du moyen âge (Quelques), légendes et récits, par J. Collin de Plancy, in-12.
Scènes et nouvelles catholiques, par Léon Gautier, in-12.
Science du crucifix (La) et forme de méditation, par le R. P. Pierre-Marie, de la compagnie de Jésus, in-32.
Science du ménage (La), complément de l'éducation de la jeune fille au pensionnat et dans sa famille, par l'auteur des Petites vertus et petits défauts, in-18.
Science du salut (La) ou étude du crucifix, par le R. P. Millet, de la compagnie de Jésus, in-18.
Seconde éducation des filles (De la), par M. Alfred Nettement. Ouvrage couronné par l'Académie française, in-12.
Secret (Le) de la vieille demoiselle, par E. Marlitt, 2 vol. in-12.
Secrets du foyer domestique, par Mlle Ulliac Trémadeure, in-12.
Self-Help, ou caractère, conduite et persévérance, illustrés à l'aide de biographies, par Samuel Smiles, in-18.
Semaine en famille (Une), par Léon Buron, professeur de littérature, in-12.
Semno l'affranchi, par J.-M. de Gaulle, in-12.
Séphora, ou Rome et Jérusalem, épisode de l'histoire des Juifs, par A. Lemercier, in-12.
Séraphine, ou le Catholicisme dans l'Amérique septentrionale, par A. Gordon, in-12.
Serpents (Les), par Henri Lasserre, in-18.
Servante d'autrefois (Une), par Mme Z. Carraud, in-12.
Servantes de Dieu (Les), par Mme Bourdon, in-12.
Serviteurs de Dieu (Les), par L. Aubineau, 2 vol. in-12.
Serviteurs des hommes (Les), par M. G. de Cadoudal, in-12.

Shirley et Agnès Grey, par Currer Bell, 2 vol. in-12.
Sicile (La), souvenirs, récits et légendes, par M. l'abbé V. Postel, in-8.
Signe de la Croix (Le), par Mgr Gaume, in-12.
Silva ou l'ascendant de la vertu, par E.-S. Drieude, in-18.
Silvio Pellico (œuvres choisies), in-8.
Silvio Pellico, sa vie et sa mort, par Mme Bourdon, in-12.
Simon-Pierre et Simon le magicien, légende par le P. Franco, in-12.
Simples leçons d'économie sociale, par Templar, in-12.
Simples récits de notre temps, par M. J. Crétineau-Joly, in-8.
Sœur de charité (La), par Mlle A. Desves, in-12.
Sœur de Gribouille (La), par Mme la comtesse de Ségur, in-12.
Sœur Natalie, fondatrice de la Congrégation des Filles de l'Enfant Jésus, à Lille, par le comte de Melun, in-12.
Sœurs de charité (Les) en Orient, in-12.
Sœurs de charité (Les) en Orient, par Mme Bourdon, in-12.
Soirées algériennes, corsaires, esclaves et martyrs de Barbarie, par M. l'abbé Léon Godard, in-8.
Soirées chrétiennes, explication du catéchisme par des comparaisons et des exemples, par M. l'abbé Gridel, chanoine de Nancy, 6 vol. in-12.
Soirées de Constantinople (Les), par M. de Lamotte, in-18.
Soirées de la famille (Les), in-12.
Soirées de l'ouvrier (Les), par M. Hippolyte Violeau, in-18.
Soirées de Saint-Pétersbourg (Les), par le comte Joseph de Maistre, 2 vol. in-8.
Soirées d'une mère, récits à ses enfants, par Mme Lebassu-d'Helf, in-12.
Soirées du père Laurent (Les), in-12.
Soirées en famille, par A.-M., in-8.
Solange de Châteaubrun, ou le commencement du calvinisme en France, par Théophile Ménard, in-8.
Soldats du Pape (Les), par Oscar de Poli, in-12.

— 72 —

Soldats sanctifiés, étude historique par Marchal, in-12.
Soliloques, ou Dieu et l'homme, par M. l'abbé Orse, in-12.
Solitaires (Les) d'Isola-Doma, par E.-S. Drieude, in-12.
Solitude de Philagie (La), exercices spirituels par le R. P. Paul de Barry, in-18.
Sombreuil (Mlle de), par L. Enduran, in-12.
Souffrances de Notre-Seigneur Jésus-Christ, par le P. Thomas de Jésus, 2 vol. in-12.
Souffrances et vertus de Marie méditées, par l'auteur de l'Eucharistie méditée, 2 vol. in-12.
Sources (Les), par le R. P. Gratry, 2 vol. in-18.
Sous la feuillée, nouvelles, par Mme A. Grandsard, in-12.
Souvenirs (Mes), par Mme Elisabeth de Bonnefonds, in-12.
Souvenirs curieux des missions, in-12.
Souvenirs d'Ancône, siége de 1860, par le comte de Quatrebarbes, in-8.
Souvenirs de charité, par M. le comte de Falloux, in-12.
Souvenirs de jeunesse, par Henri Conscience, in-12.
Souvenirs de la Restauration, par M. Alfred Nettement, in-12.
Souvenirs de l'armée pontificale, par M. L.-A. Becdelièvre, in-12.
Souvenirs de Saint-Acheul, ou vie édifiante des jeunes gens élevés dans les colléges de la compagnie de Jésus, par le R. P. Guidée, de la même compagnie, in-18.
Souvenirs d'Espagne et d'Italie, in-12.
Souvenirs de voyages : en Bretagne et en Grèce, par M. L. de Serbois, in-12.
Souvenirs des temps mérovingiens, par J.-J.-E. Roy, in-12.
Souvenirs d'une douairière, par Mlle Zénaïde Fleuriot, in-12.
Souvenirs d'une famille du peuple, par Mme Bourdon, in-12.
Souvenirs d'une institutrice, par Mme Bourdon, in-12.
Souvenirs d'une jeune fille, par Etienne Marcel, in-12.
Souvenirs d'une mère à sa fille, par M. l'abbé Braye, in-12.

Souvenirs d'un prisonnier d'Abd-el-Kader, par Hippolyte Langlois, in-8.

Souvenirs d'un sous-officier, par un sous-officier de chasseurs à pied, 1 vol.

Souvenirs d'un voyage dans la Tartarie, le Thibet et la Chine, par M. Huc, 2 vol. in-12.

Souvenirs et Correspondance, tirés des papiers de Mme Récamier, 2 vol. in-8.

Souvenirs et exemples, petites notices offertes aux jeunes chrétiennes, par Mgr Chalandon, archevêque d'Aix, in-8.

Souvenirs et impressions de voyage, par le vicomte Walsh, in-8.

Souvenirs et nouvelles, par M. Hippolyte Violeau, 2 vol. in-12.

Souvenirs religieux et militaires de Crimée, par le P. de Damas, in-12.

Souveraineté pontificale (La), selon le droit catholique et le droit européen, par Mgr l'évêque d'Orléans, in-12.

Stéphano, épisode de la Révolution romaine sous le pontificat de Pie IX, par M. l'abbé Boulangé, in-12.

Stéphanie Valdor, suivi de la Fille du Colon, par Mme la comtesse de la Rochère, in-8.

Suger et son temps, par M. Alfred Nettement, in-12.

Suites funestes de la lecture des mauvais livres, in-18.

Swetchine (Mme), journal de sa conversion, méditations et prières, publiés par le comte de Falloux, in-8.

Swetchine (Mme), sa vie et ses œuvres, publiées par le comte de Falloux, 2 vol. in-8.

T

Tableau de la Grèce ancienne et moderne, par M. de Marlès, in-12.

Tableau poétique des Sacrements, par le vicomte Walsh, 2 vol. in-12.

Tableaux d'intérieur, par Mme Bourdon, in-12.

Tancrède, prince de Tibériade, par C. Guenot, in-8.

Tante Marguerite (La) ou Six mois en Normandie, par Mlle Eulalie Benoit, in-18.

Temps difficiles (Les), par Charles Dickens, in-12.

Tendresse maternelle (La), par Mme de Sainte-Marie, in-12.

Terre-Sainte (La), voyage dans l'Arabie Pétrée, la Judée, la Samarie, la Galilée et la Syrie, par M. l'abbé J.-J. Bourassé, in-8.

Terreur (La), par l'abbé Pioger, in-12.

Thayer (Amédée), sénateur, in-8.

Théologie (La), sa méthode, par M. l'abbé Bourquard, docteur en théologie, in-8.

Thérèse ou la petite sœur de charité, par M. E. de Saintes, in-12.

Thomas Morus et son époque, par W.-Jos. Walter, in-8.

Tiers-ordre de saint François d'Assise, traduit de l'italien du P. Gaëtan de Bergame, in-18.

Tigranate ou l'Église sous Julien l'Apostat, par le P. Franco de la Compagnie de Jésus, 3 vol. in-12.

Tombe de fer (La), par Henri Conscience, in-12.

Topographie d'Athènes, d'après le colonel Léake, par C. Wescher, in-18.

Tour en Suisse (Un), par Jacques Duverney, 2 vol. in-12.

Traité de la lecture chrétienne, par D. Nicolas Jamin, in-18.

Traité de la perfection chrétienne, du R. P. Rodriguez de la Compagnie de Jésus, 2 vol. in-8.

Traité de l'éducation chrétienne des enfants, in-12.
Trappeurs de l'Arkansas, par Gustave Aymard, in-12.
Travers de l'humanité (Les), par M. l'abbé Orse, in-12.
Treizième Apôtre (Le), par Henri Lasserre, in-12.
Trésor des familles chrétiennes (Le), par Mme Le Prince de Beaumont, in-12.
Tribun de Gand (Le), par Henri Conscience, 2 vol. in-12.
Triomphe de la croix (Le), de Jérôme Savonarole, traduit du latin, par M. l'abbé Céleste Alix, in-12.
Triomphe de la Foi, par le R. P. Marin de Boylesve, in-12.
Triomphe de la piété filiale (Le), par J. Aymard, in-12.
Triomphe de l'Évangile (Le) ou mémoires d'un homme du monde, revenu de ses erreurs du philosophisme moderne, in-8.
Triomphe de Pie IX (Le), dans les épreuves, ou beaux traits de dévouement du Pape depuis 1848 jusqu'à 1867, par le R. P. Huguet, in-12.
Trois brebis du bon Dieu, par F. Caballero, in-12.
Trois cousins (Les), par B. d'Exauvillez, in-12.
Trois filles du Ciel (Les), par Mme Marie de Bray, in-12.
Trois mères (Les) ou faiblesse, ambition et sagesse, par Mme Aricie Sauguet, in-8.
Trois mois de vacances, par Mme Nanine Souvestre, in-12.
Trois mots pour titre : Dieu, Famille, Amitié, par Mlle Thérèse-Alphonse Karr, in-12.
Trois nouvelles, par le P. Franco, in-18.
Trois nouvelles, par M. F. de Riverolle, in-12.
Trois sœurs (Les), scènes de famille, par Mme Bourdon, in-12.
Tueur de lions (Le), par M. Jules Gérard, in-12.
Tuteurs d'Odette (Les) ou la famille et le monde, par Étienne Marcel, in-12.
Tyborne. Esquisse historique de la persécution religieuse, sous le règne d'Élisabeth, traduit de l'anglais par Sévestre, in-8.
Types féminins, fille, sœur, épouse, mère, exemple des plus beaux dévouements chez les femmes de l'antiquité et de notre temps, par Mme Bourdon, in-12.

U

Ubaldo et Irène, par le P. Bresciani, 2 vol. in-12.
Ursule de Montbrun, par Mme de Sainte-Marie, in-12.

V

Vacances (Les), par Mme la comtesse de Ségur, in-12.
Vacances d'Yvonne (Les), par Mlle Julie Gouraud, in-12.
Vaillants cœurs (Les), la caverne de Vaugirard, par Bathild Bouniol, in-12.
Vaillants cœurs (Les), la filleule d'Alfred et la fille du Corsaire, par Bathild Bouniol, in-12.
Valéria Flora ou une chrétienne au IVe siècle, par C. Guenot, in-12.
Veillées bretonnes, par M. Hippolyte Violeau, 2 vol. in-12.
Veillées de l'ouvroir (Les), par Mme Woillez, in-12.
Veillées du village (Les), par le vicomte Walsh, in-8.
Veillées du patronage (Les), par Mme Bourdon, in-12.
Veillées flamandes (Les), par Henri Conscience, in-12.
Veillées normandes, par Mme la comtesse de Mirabeau, in-12.
Vénérable servante de Dieu (La), Anna-Maria Taïgi, par le P. G. Bouffier, in-12.
Vengeance d'un Juif (La), par l'abbé C. Guenot, in-12.

Vérité de la Foi, par S. Alphonse de Liguori, 2 vol. in-12.
Vérité de la religion chrétienne (De la), par l'abbé Paulmier, in-12.
Vertu et piété ou Jeanne et Isabelle de Portugal, par l'abbé Carron, in-12.
Vertus de Marie, discours sur les principales fêtes de la sainte Vierge, par S. Alphonse de Liguori, in-18.
Vertus eucharistiques ou l'âme fidèle sanctifiée par la communion fréquente, in-18.
Vertus militaires (Les), par J. Aymard, in-12.
Vertueuse institutrice (La) ou vie édifiante de Mlle Lambert, par Mme Daniel, in-18.
Vestale (La), par Mlle de la Grange, in-12.
Viatrice, par Raoul de Navery, in-12.
Victoire des martyrs, par S. Alphonse de Liguori, in-12.
Victorin ou les aventures d'un jeune romain, par le P. A. Bresciani, in-12.
Vie chrétienne (La), au milieu du monde, par le P. Michel Boutauld, in-18.
Vie chrétienne (La) d'une dame dans le monde, par le R. P. de Ravignan, in-12.
Vie d'Armelle Nicolas ou le règne de l'amour de Dieu dans une âme, par l'abbé C.-J. Busson, in-12.
Vie de Fra Angelico de Fiesole, de l'ordre des Frères Prêcheurs, par E. Cartier, in-8.
Vie de Jeanne de la Noue, fondatrice de la Congrégation des sœurs de Sainte-Anne, servante des pauvres, par M. l'abbé J.-A. Macé, in-12.
Vie de la bienheureuse Marianne de Jésus, traduite par M. l'abbé Céleste Alix, in-18.
Vie de la révérende mère Julie, fondatrice des sœurs de Notre-Dame, à Namur, in-8.
Vie de la révérende mère Marie-Anne (Maria de la Fruglaye), religieuse de la Congrégation de Notre-Dame, 2 vol. in-8.
Vie de la révérende mère Thérèse de St-Augustin, Mme Louise de France, religieuse Carmélite, par une religieuse de sa communauté, 2 vol. in-12.

*

Vie de la sœur Rosalie, fille de charité, par M. le vicomte de Melun, in-12.

Vie de la vénérable mère Anne de Xaintonge, par le P. C.-B. Arnoulx de la Compagnie de Jésus, in-12.

Vie de Mme de Bonnault d'Houet, fondatrice des Fidèles compagnes de Jésus, par M. l'abbé F. Martin, in-8.

Vie de Mme de la Rochejaquelein, par M. Alfred Nettement, in-12.

Vie de Mme Élisabeth (La), sœur de Louis XVI, par M. A. de Beauchesne, 2 vol. in-8.

Vie de Mlle de Lamourous, par le R. P. Ponget de la Compagnie de Jésus, in-12.

Vie de Mlle de Melun (1618-1679), par M. le vicomte de Melun, in-12.

Vie de Mlle d'Epernon, religieuse Carmélite, par Mme Bourdon, in-12.

Vie de Marie-Thérèse de France, fille de Louis XVI, par M. Alfred Nettement, in-8.

Vie de Mgr Flaget, évêque de Bardstown et Louisville, par l'abbé Desgeorge, in-8.

Vie de M. Émery, neuvième supérieur du séminaire de Saint-Sulpice, par M. l'abbé Gosselin, 2 vol. in-8.

Vie de M. François Mabileau, missionnaire apostolique, par l'abbé P. Gaborit, in-12.

Vie de M. de Queriolet, in-12.

Vie de M. l'abbé Chopart, missionnaire apostolique, par un prêtre du diocèse de Besançon, in-12.

Vie de M. l'abbé Marchand, missionnaire apostolique et martyr, par l'abbé J.-B.-S. Jacquenet, in-12.

Vie de la mère Thérèse, fondatrice de la Miséricorde de Laval, par le P. Marc Nurit de la Compagnie de Jésus, in-12.

Vie de Paul-Jean Granger, de la Compagnie de Jésus, par le P. J. Dufour d'Astaffort, in-18.

Vie de saint Antoine le Grand, par l'abbé Bourdon, in-8.

Vie de saint Camille de Lellis, fondateur des Clercs-Réguliers, ministres des infirmes, par l'abbé Th. Blanc in-12.

Vie de saint **Dominique**, fondateur de l'ordre des Frères prêcheurs, par l'abbé Chirat, prêtre du Tiers-Ordre, in-12.

Vie de saint **Éloi**, par Barthélemy, in-8.

Vie de saint **François de Sales**, évêque et prince de Genève, par M. Hamon, curé de Saint-Sulpice, 2 vol. in-8.

Vie de saint **Isidore** le laboureur et de sainte Marie son épouse, par l'abbé Mullois, in-12.

Vie de saint **Jean-François Régis**, de la Compagnie de Jésus, par le R. P. Daubenton, in-12.

Vie de saint **Joseph de Léonissa**, par le P. Daniel, capucin, in-12.

Vie de saint **Léonard**, solitaire en Limousin, ses miracles et son culte, par l'abbé Abellot, in-8.

Vie de saint **Léonard de Port-Maurice**, missionnaire apostolique de l'ordre des Frères mineurs récollets, par le P. Salvator d'Orméa, in-12.

Vie de saint **Stanislas Kostka**, par le P. Bartoli de la Compagnie de Jésus, in-12.

Vie de saint **Vincent de Paul**, par M. l'abbé Maynard, in-12.

Vie de sainte **Angèle de Mérici**, fondatrice des Ursulines, par M. Allibert, chanoine de Lyon, in-12.

Vie de sainte **Anne**, mère de la sainte Vierge, par M. l'abbé Gros, in-18.

Vie de sainte **Catherine de Sienne**, traduite de l'italien, par M. l'abbé Allibert, in-12.

Vie de sainte **Collette**, réformatrice des trois ordres de Saint-François, par l'abbé Jumel de Corbie, in-12.

Vie de sainte **Françoise Romaine**, par le vicomte Marie-Théodore de Bussière, in-8.

Vie de sainte **Hyacinthe Mariscotti**, par l'abbé Allibert, in-12.

Vie de sainte **Marguerite de Cortone**, par le P. François Marchese, in-8.

Vie de sainte **Thérèse**, écrite par elle-même, par le P. Marcel Bouix de la Compagnie de Jésus, in-18.

Vie de sœur Monique, sœur converse à l'Hôtel-Dieu de Châteaugontier, in-18.

Vie du cardinal de Cheverus, par M. le curé de Saint-Sulpice, in-12.

Vie du bienheureux Alphonse Rodriguez, frère coadjuteur temporel de la Compagnie de Jésus, in-12.

Vie du bienheureux Charles Spinola, de la Compagnie de Jésus, martyrisé le 10 septembre 1622, par le P. E. Séguin, de la même Compagnie, in-12.

Vie du bienheureux Jean Berchmans, de la Compagnie de Jésus, par le R. P. Vanderspeeten, in-8.

Vie du bienheureux Paul de la Croix, par le vénérable Stranbi, 2 vol. in-12.

Vie du bienheureux Pierre-Canisius, de la Compagnie de Jésus, par le P. Eugène Seguin, de la même Compagnie, in-12.

Vie du bienheureux Thomas Hélye, aumônier de saint Louis, par Mme de Chabannes, in-12.

Vie du Dauphin, père de Louis XVI, par M. l'abbé Proyart, in-12.

Vie du Père Charles de Condren, second général de l'Oratoire de Jésus, par M. l'abbé L.-M. Pin, in-12.

Vie du Père Eudes, par M. de Montzey, in-12.

Vie du Père Henri Walpole, par le P. Passoz, in-12.

Vie du Père Marie Ephrem, religieux de l'abbaye d'Aiguebelle, in-12.

Vie du Père Nicolas Trigault, de la Compagnie de Jésus, par l'abbé C. Dehaisnes, prêtre du diocèse de Cambrai, in-12.

Vie du prince Alexandre de Hohenlohe, in-18.

Vie du Révérend Père Ignace Chomé, de la Compagnie de Jésus, missionnaire du Paraguay, in-12.

Vie du Révérend Père de Ravignan, par M. l'abbé Mullois, in-32.

Vie du Révérend Père Xavier de Ravignan, de la Compagnie de Jésus, par le P. A. de Pontlevoy, 2 vol. in-12.

Vie du vénérable Anchiéta, de la Compagnie de Jésus, par Charles Sainte-Foi, in-12.

Vie du vénérable Louis du Pont, de la Compagnie de Jésus, par le P. Cachupin, de la même Compagnie, in-12.

Vie du vénérable serviteur de Dieu Barthélemy Holtzhauzer, in-12.

Vie en famille (La), par Mlle Zénaïde Fleuriot, in-12.

Vie et aventures du comte M.-A. Beniowski, in-12.

Vie et institut de saint Alphonse-Marie de Liguori, par S. E. le cardinal Villecourt, 4 vol. in-8.

Vie (La) et la doctrine de Jésus-Christ, en forme de méditations pour tous les jours de l'année, par le P. Bonnefons, in-18.

Vie (La) et le culte de sainte Anne, mère de la Vierge immaculée, in-18.

Vie (La) et les œuvres de Marie Lataste, religieuse coadjutrice du Sacré-Cœur, publiées par M. l'abbé Pascal Darbins, 3 vol. in-12.

Vie et œuvres de la princesse Louise-Adélaïde de Bourbon-Condé, dite, en religion, mère Marie-Joseph de la Miséricorde, 3 vol. in-8.

Vie et opuscules de la bienheureuse Marie des Anges, de l'ordre des Carmélites déchaussées, par le chanoine Labis, docteur en théologie, in-12.

Vie extraordinaire et édifiante d'un curé de campagne, in-12.

Vie n'est pas la vie (La), par Mgr Gaume, in-12.

Vie réelle (La), par Mme Bourdon, in-12.

Vies de sainte Isabelle et de sainte Radégonde, de sainte Angèle et de sainte Ursule, sainte Adélaïde, sainte Mathilde et sainte Hélène, sainte Félicité et sainte Perpétue, sainte Cécile, sainte Juste, sainte Rufine, sainte Nathalie et saint Aurèle son époux, in-32.

Vies des chrétiens illustres, par M. Marty, in-12.

Vies des grands capitaines du moyen âge, par Mazas, 5 vol. in-8.

Vies des justes dans les plus humbles conditions de la société, par l'abbé Carron, in-12.

Vies des justes parmi les filles chrétiennes, par l'abbé Carron, in-12.

Vies des premières religieuses de la Visitation Sainte-Marie, d'après la révérende mère de Chaugy, par M. Louis Veuillot, 2 vol. in-12.

Vies des saints de l'atelier, in-12.

Vies des saints personnages de l'Anjou (Les), par le R. P. dom François Chamard, 3 vol. in-12.

Vierge d'Alexandrie (La), par Mme la baronne Lenormand de Morando, in-12.

Vierge de Pola (La), par Mme Expilly, in-12.

Visites de Mme Marguerit (Les), par Mlle Eulalie Benoit, in-12.

Vivia ou les martyrs de Carthage, par le vicomte de Maricourt, in-12.

Vocation d'artiste (Une), in-18.

Voie de la perfection dans la vie religieuse (La), ouvrage destiné aux personnes consacrées à Dieu, par M. l'abbé Leguay, in-12.

Voie de la véritable et solide vertu (La), au milieu des combats, des afflictions intérieures, par M. l'abbé Leguay, in-12.

Voisines (Les), pour pensionnats de demoiselles, par l'auteur de Bataille au coin du feu, in-18.

Voyage à Naples (Un), par Mme la comtesse de Bassanville, in-12.

Voyage de l'oncle Charles, par Mme de Montanclos, in-8.

Voyage d'un catholique autour de sa chambre, in-18.

Voyage d'une femme au Spitzberg, par Mme Léonie d'Aunet, in-12.

Voyage d'une jeune fille autour de sa chambre, par Mlle E. Faucon, in-12.

Voyage en Afrique, chez les Cafres et les Hottentots, par Levaillant, revu par M. l'abbé Orse, 2 vol. in-12.

Voyage en Espagne, par M. Eugène Poitou, in-8.

Voyage sous les flots, par Aristide Roger, in-12.

Voyage et découvertes outre-mer au XIXe siècle, par Arthur Mangin, in-8.

Vraie Marie-Antoinette (La), étude historique, politique et morale, par M. de Lescure, in-8.

W

Wiseman (Le cardinal), archevêque de Westminster, étude biographique, par M. de Montrond, in-8.

Y

Youlofi (Les), histoire d'un prêtre et d'un militaire français en Afrique, par Perrin, in-12.
Yvo le fils du charpentier ou la vocation manquée, conte de la Forêt-Noire, par le docteur Perrot.
Yvon le breton, par le vicomte Walsh, in-12.
Yvonne ou la foi récompensée, légende bretonne, par Mme V. Vattier, in-12.
Yvonne de Coatmorvan, par Mlle Fleuriot, in-12.

Z

Zouave pontifical (Le), par le P. Bresciani, in-12.

Quelques livres faisant partie de ce Catalogue ne seront point prêtés sans une autorisation spéciale du Directeur de la Bibliothèque.

Angers, imp. P. Lachèse, Belleuvre et Dolbeau.

www.ingramcontent.com/pod-product-compliance
Lightning Source LLC
LaVergne TN
LVHW052109090426
835512LV00035B/1331